Hello,

vielleicht bleiben Sie auf Zypern beim neutralen englischen „Hello" oder Sie begrüßen Einheimische im südlichen griechischen Teil der Insel mit „Jassas", im türkischen Norden ist „Merhaba" für „Hallo" angebracht.

ZWEI VÖLKER, EINE INSEL

Wer die faszinierende Natur und die kulturellen Sehenswürdigkeiten Zyperns kennen lernen will und auf der Insel unterwegs ist, wird immer wieder damit konfrontiert, dass sich zwei Volksgruppen eine Insel teilen. „Seit fast 500 Jahren leben Türken und Griechen auf dieser Insel mehr neben- als miteinander", konstatiert unsere Autorin Margit Kohl, und seit fast 50 Jahren trennt die „Grüne Linie" den griechischen Süden Zyperns (Republik Zypern) vom türkischen Norden (Türkische Republik Nordzypern). Als Tourist kann man mittlerweile ohne größere Schwierigkeiten von einem Inselteil in den anderen wechseln. Für die Zyprer bleiben jedoch viele Probleme. Nur vereinzelt gibt es Annäherungen zwischen den Volksgruppen. Mehr dazu erfahren Sie in den beiden Rubriken „Zur Sache" auf S. 70 ff. und S. 108 f.

GROSSE VIELFALT AUF KLEINEM RAUM

Was mich an Zypern so begeistert, ist die unglaubliche Vielfalt auf relativ kleinem Raum. Man hat die Qual der Wahl zwischen traumhaften langen Sandstränden, idyllischen Buchten, imposanten antiken Stätten, herrlichen Wandermöglichkeiten im Tróodos-Gebirge, stillen Dörfern und trubeligem Leben in Nikosia oder Limassol. Genießen Sie Zypern mit allen Sinnen ...
Herzlich

Ihre

Birgit Borowski

Birgit Borowski
Redaktion DuMont Bildatlas

»SEIT FAST 500 JAHREN LEBEN TÜRKEN UND GRIECHEN AUF DIESER INSEL MEHR NEBEN- ALS MITEINANDER.«

Auch auf dem Meeresgrund gibt es Fotomotive: Georg Knoll bei der Arbeit im Unterwasserpark in der Green Bay. Die Reisejournalistin Margit Kohl fand es faszinierend, in ein riesiges Graffiti des Street-Art-Künstlers Paparazzi in Nikosia einzutauchen.

44
Im Tróodos-Gebirge gibt es beschauliche kleine Weindörfer.

60
Beim Weinfest in Limassol

87
Büyük Han, die alte Karawanserei in Nord-Nikosia, ist heute ein Treff mit Cafés und Läden.

23
Die Sea Caves am Kap Gréko kann man am besten vom Boot aus bewundern.

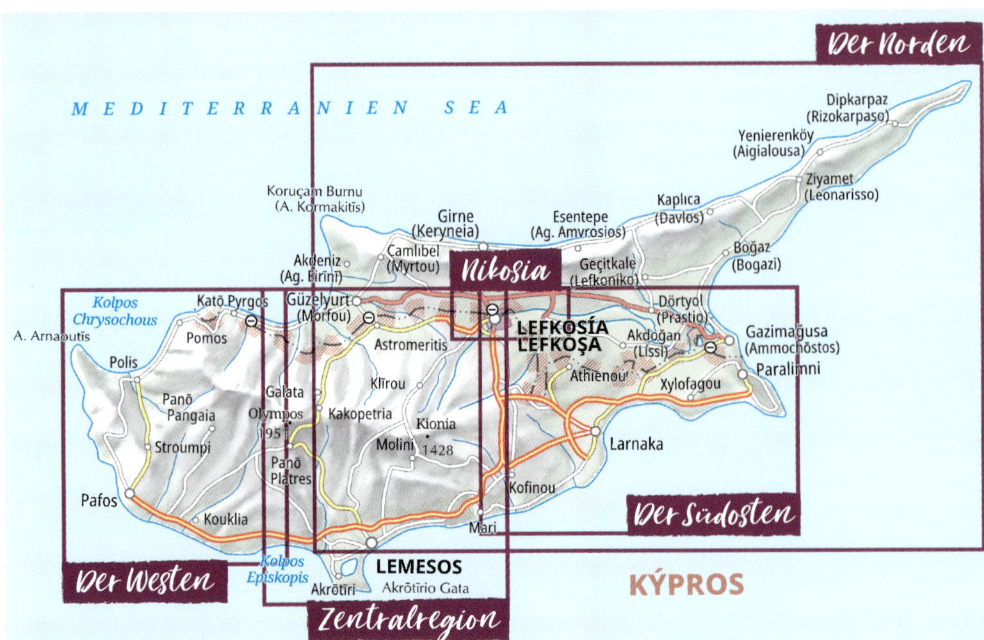

Das Beste erleben

Berührend, beeindruckend, bewegend, entspannend sind die Ideen, die wir hier für Ihren Aufenthalt auf Zypern zusammengetragen haben.

Ruhige Momente

1

BELLAPAÍS

Nirgendwo lässt sich entspannter der Müßiggang pflegen als mit Blick auf die Abtei von Bellapaís oder unter ihrem Maulbeerbaum.
Seite 112

2

AGROTOURISMUS

In einst verlassenen Bergdörfern wie Tóchni oder Kalavasós wohnt man geruhsam abseits des Massentourismus, dafür mit „Dorfanschluss".
Seite 77

Frischer Schwung

3

THALASSO IM ANASSA

In einer Säulenhalle wie in einem antiken Tempel weckt das Meerwasser-Spa im Hotelresort Anassa mit der Kraft der Natur die Lebensgeister.
Seite 40

4

PÉTRA TOU ROMIOÚ

Der Geburtsort Aphrodites am Strand von Pétra tou Romioú ist Pilgerziel für alle, die nach ewiger Liebe und Jugend suchen.
Seite 41

5

HAMAM OMERYIE IN NIKOSIA

Ein traditioneller Hamam-Besuch ist nach einem anstrengenden Tag genau das Richtige, um sich in orientalischem Ambiente zu erholen.
Seite 93

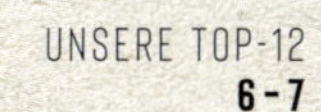

Große Kunst

• 6 •

ARCHÄOLOGISCHER PARK PÁFOS

Römische Mosaike und unterirdisch aus dem Fels geschlagene Königsgräber erzählen von antiken Gesellschaften und ihren Götterwelten.
Seite 39

• 7 •

SCHEUNENDACHKIRCHEN IM TRÓODOS-GEBIRGE

Außen unscheinbar, innen voller farbenprächtiger byzantinischer Wandgemälde – damit überrascht auch die Panagía Forviótissa in Asinou.
Seite 59

• 8 •

KOÚRION

In einem der wichtigsten antiken Stadtkönigreiche mit ebenso königlichem Meerblick wird noch heute das Amphitheater bespielt.
Seite 61

• 9 •

GRAFFITI

Junge Street-Art Künstler wie Paparazzi zeigen Zyperns Städte von ihrer neuen, bunten Seite, und das ganz legal.
Seite 88

Grüne Wunder

• 10 •

AKÁMAS-HALBINSEL

Im äußersten Nordwesten lockt ein unberührtes Naturparadies mit Avakás-Schlucht, üppiger Vegetation und natürlichen Wasserbecken.
Seite 40

• 11 •

TRÓODOS-GEBIRGE

Rauschende Wasserfälle und einsame Bergdörfer lassen sich auf Wanderungen entdecken.
Seite 59

• 12 •

KARPAS-HALBINSEL

Wilde Esel, Meeresschildkröten und goldfarbene Dünen bestimmen die abgelegene Naturlandschaft im äußersten Nordosten.
Seite 113

STRANDGENUSS IM LIEGESTUHL

An einem Sommertag am Strand von Limassol kann man ganz entspannt den Dingen ihren Lauf lassen und in aller Ruhe in einem Buch schmökern. Müßiggang als schönstes aller Laster.

FLANEURE DER NACHT

Wenn es Abend wird in Limassol, zieht es Besucher wie Einheimische gleichermaßen in die herausgeputzte Altstadt mit ihren engen Straßen und Gassen voller Kolonialhäuser aus britischer Zeit. Eine gute Gelegenheit, um in einer der pittoresken Tavernen die kleinen Köstlichkeiten eines typischen Mezé-Gerichts zu probieren.

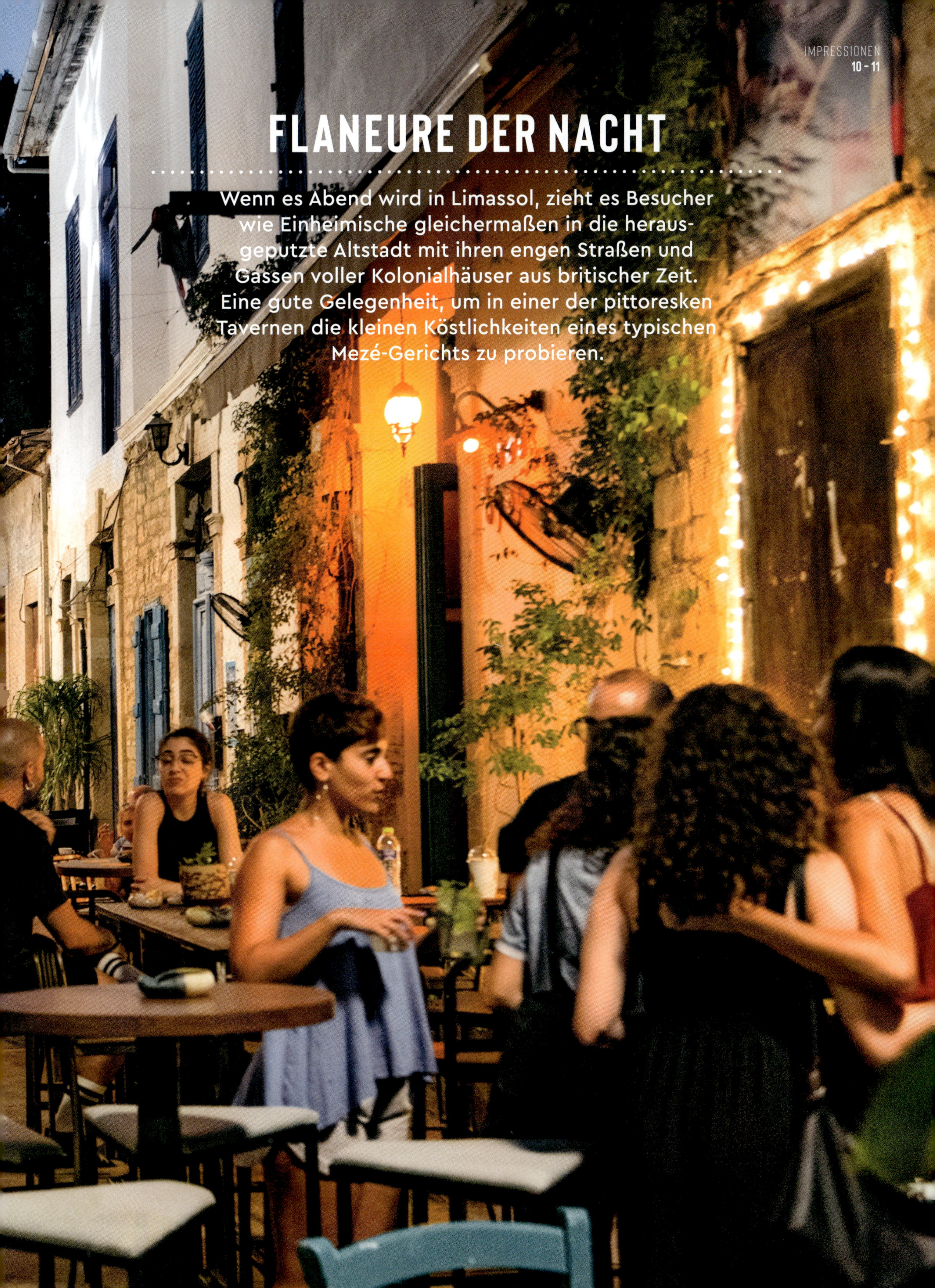

Palace
PUB
Mike's SQUARE CAFE

IN FREIHEIT GEEINT

Der Anspruch könnte kaum größer sein – die Architektur kaum futuristischer. Der von Zaha Hadid geplante Eleftheria Square, der „Freiheitsplatz", in Süd-Nikosia soll nicht nur die antike mit der modernen Stadt verbinden, sondern auch Katalysator für eine Wiedervereinigung der letzten geteilten Hauptstadt Europas sein.

PFADE DER LIEBESGÖTTIN

Als eine der einsamsten Gegenden Zyperns gilt die Akámas-Halbinsel am nordwestlichen Zipfel der Insel. Die abwechslungsreiche Landschaft und ihr Artenreichtum lassen sich am besten bei einer Wanderung erleben. Der Aphrodite-Rundweg führt zu atemberaubenden Aussichtspunkten.

KEO
KEO
Batukinio

PLATZ GEMACHT FÜR DIE NARREN!

Trommelwirbel begleiten die ausgelassene Parade. Vor der Fastenzeit übernimmt der Karnevalskönig für zehn Tage das Regiment, und Limassols Straßen gehören allein den Musikanten und dem Narrenvolk. Unabhängig von politischen und wirtschaftlichen Bedingungen wird der Karneval auf ganz Zypern seit Jahrhunderten gefeiert.

TRAGÖDIEN MIT MEERBLICK

Das mit bester Akustik ausgestattete Amphitheater von Koúrion liegt spektakulär über dem Meer. Erbaut im 2. Jh. v. Chr., war das Theater bei den Hellenen Aufführungsort für Tragödien, während die Römer hier später Gladiatoren- und Tierkämpfe veranstalteten. Heute bietet es eine stimmungsvolle Kulisse für Opern und Konzerte.

DIE SCHÖNE DES NORDENS

Malerisch um eine hufeisenförmige Hafenbucht gelegen, galt Kyrénia einst als kleines Saint-Tropez. Boote, Bars und Lokale machen bis heute das mediterrane Flair der Hafenstadt aus. Unter türkischer Besatzung wurde Kyrénia nach 1974 zu Girne. In der international nicht anerkannten „Türkischen Republik Nordzypern" erlebt man noch eine Welt wie vor der Globalisierung.

SSR 125670
ŞAFAK AY
PRENSES

Die schönsten Strände

VON SAND BIS STEIN

Ob ruhige, abgelegene Buchten mit türkisfarbenem Wasser, gut ausgestattete Strandanlagen mit Umkleiden, Duschen, Liegestühlen, Sonnenschirmen, Wassersportangeboten und Restaurants oder trubeliger Partystrand für Feierwütige – auf Zypern gibt es Strände für jeden Geschmack. Und das Beste: Die Wassertemperaturen liegen bis Oktober bei 24 Grad.

1

LIEBESGRÜSSE VON APHRODITE

Pétra tou Romioú ist der wohl bekannteste Strand der Insel, schließlich soll hier Aphrodite, die Göttin der Liebe und Schönheit, aus dem Schaum des Meeres geboren worden sein. Der Mythos von ewiger Jugend und Zuneigung lockt viele Besucher an – den Strand hat man selten für sich allein. Wer nur baden und die Kulisse am Kieselstrand genießen will, sucht sich besser ein etwas ruhigeres Plätzchen abseits der Felsen.

Pétra tou Romioú: 25 km südöstl. von Páfos, Parkplatz auf der landeinwärts gelegenen Straßenseite mit Fußgängerunterführung zum Strand

DAS BLAUE LEUCHTEN

Kristallklares Meerwasser, das in unzähligen Blau-Facetten leuchtet; feiner Sand zwischen den Felsklippen, die toll zum Schnorcheln sind: Kein Zweifel, man ist in der Blue Lagoon im Naturpark der Akámas-Halbinsel. Allerdings ist die versteckte Naturschönheit nicht einfach zu erreichen. Hier gilt: Der Weg ist das Ziel.

Blue Lagoon: 11 km nordwestl. von Latsí, Off-Road-Schotterpiste, nur für Jeep oder Quad geeignet (Verleih im letzten Restaurant vor dem Naturpark); zu Fuß von Pólis 1,5 Std., am bequemsten per Bootsausflug, in der Hauptsaison mehrmals tgl. von Pólis oder Latsí

3

ALLEIN ZWISCHEN DÜNEN

Auf die lang gezogene Karpas-Halbinsel im äußersten Norden Zyperns verirren sich meist nur Individualisten und Meeresschildkröten. Da hat man die langen goldfarbenen Sandstrände, die noch weitgehend unberührt geblieben sind, fast für sich allein. Ausgiebige Strandspaziergänge werden hier nie langweilig. Der von Dünen eingerahmte Golden Beach gilt als schönster Strand Nordzyperns. Tagsüber lädt er zum Baden ein, nachts kommen Meeresschildkröten an Land, um im Sand ihre Eier abzulegen.

Golden Beach: am Ende der Karpas-Halbinsel in Nordzypern

BIZARRE FELSENLANDSCHAFT

Die zerklüftete Steilküste am Kap Gréko, einem Naturpark an der Südostspitze der Insel, beeindruckt mit Felsentoren und -höhlen. Besonders empfehlenswert für Bootsausflüge oder Tauchgänge. Auch der Kónnos Beach nördlich des Kaps liegt im Schutz einer Felsklippe. Feiner Sand, extrem flaches Wasser und ausgezeichnete Infrastruktur machen ihn zum Badeparadies für Familien mit Kindern.

Kónnos Beach: 10 km östl. von Ayia Nápa, mit ausreichend Parkplätzen in Strandnähe

PARTYSTRAND MIT INSELCHEN

Wer auf Zypern hauptsächlich Strandurlaub sucht, ist am Nissi Beach richtig. Im gleichnamigen Hotel hat man einen der landschaftlich schönsten Strände der Insel direkt vor dem Haus: eine sichelförmige Bucht mit feinem, goldgelbem Sand zwischen Felsplateaus, dazu eine kleine Insel, die man bei Ebbe über einen schmalen Sandstreifen erreichen kann. Nicht umsonst bedeutet *nissi* Inselchen. Obwohl sich hier tagsüber gern das Partyvolk aus Ayia Nápa tummelt, finden auch Familien mit Kindern oder Paare immer ein ruhigeres Plätzchen.

Nissi Beach: etwa 2 km westl. von Ayia Nápa

DIE LETZTE BASTION

Einer der kuriosesten und gewöhnungsbedürftigsten Strände Zyperns ist der Palm Beach von Famagusta, denn er vermittelt knallhart politische Wirklichkeit mit Checkpoint-Charlie-Atmosphäre und Blick auf die Geisterstadt Varósia. Der Vorort von Famagusta war in den 1960er-Jahren der Touristen-Hotspot des Landes: breiter heller Sandstrand, türkisfarbenes Wasser, moderne Hochhäuser. Nach dem türkischen Einmarsch 1974 geriet Varósia in die Sperrzone – bis man von türkischer Seite 2020 völkerrechtswidrig einen Strandabschnitt wieder freigab. Irritierend, dort in Lounge-Sesseln zu sitzen oder mit Blick auf fensterlose, verfallende Hochhausruinen zu baden.

Palm Beach: in Richtung Varósia, einem südl. Stadtteil von Famagusta

Der Westen

*

NUR DIE LIEBE ZÄHLT

*

An der zerklüfteten Steilküste im Westen liegt der Legende nach die Heimat der Liebesgöttin Aphrodite. Auch der Rest der klassischen Götterwelt von Adonis bis Zeus ist auf vielen Mosaiken bei Páfos gut vertreten. Die besten Liebesgeschichten schreibt jedoch noch immer das Leben selbst.

Pétra tou Romioú, „Fels der Römer", heißt der Felsbrocken vor dem Kieselstrand südlich von Koúklia, wo Aphrodite dem Meer entstiegen sein soll. Als „Römer" bezeichneten Osmanen und Araber die Griechen des Oströmischen Reiches.

Das Dorf Koúklia (rechts und ganz rechts), südöstlich von Páfos, liegt an der Stelle des antiken Páfos. Hier befand sich das bedeutendste Aphrodite-Heiligtum der Altgriechen, von dem heute kaum etwas erhalten ist. Ein archäologisches Museum erinnert daran.

Hier ist die Liebe zu Hause, daran gibt es keinen Zweifel. Zahllose Herzen, die Besucher am Strand von Pétra tou Romioú regelmäßig aus hellen Kieselsteinen in den Sand legen, sind der Beweis. An diesem Ort auf Zypern, der Schnittstelle von Europa, Asien und Afrika, soll Aphrodite geboren und dem Meer entstiegen sein. Die pittoresken Felsklötze, die hier direkt unterhalb der Straße von Páfos nach Limassol aus dem Meer ragen, sowie die hellen Kalksandsteinklippen markieren einen der schönsten Küstenabschnitte der Insel. Dem Schöpfungsmythos nach soll der Himmelsgott Uranos all seine Kinder verstoßen haben, die ihm Mutter Erde Gaia gebar. Nur Kronos konnte sich verstecken, und so gab ihm die Mutter eine Sichel, um Uranos zu entmannen. Als dessen Glied ins Meer fiel, bildete sich Schaum, aus dem Aphrodite geboren wurde. Die „Schaumgeborene" heißt die Göttin der Liebe seither bisweilen.

Wie es sich für einen magischen Ort gehört, steht hier auch ein Wunschbaum, behängt mit verknoteten Taschentüchern und Stofffetzen, die den

»WER BEI VOLLMOND NACKT UM DEN FELSEN DORT SCHWIMMT, WIRD PRO RUNDE EIN JAHR JÜNGER.«

Reiseführerin am Strand der Aphrodite

Wunsch nach Liebe, Lust und Leidenschaft in sich tragen. Ob das Ritual wirklich helfe, wollen zwei Touristinnen von ihrer Reiseleiterin wissen. Die zuckt mit den Schultern und deutet auf die Felsen im Meer, die von der Brandung umspült werden. „Wer bei Vollmond nackt um den Felsen dort schwimmt, wird pro Runde ein Jahr jünger. Schaut mich an, ich bin eigentlich schon 350 Jahre alt", behauptet sie. Allerdings verrät sie nicht, ob man im Uhrzeigersinn oder dagegen schwimmen muss. Dabei erklärt die Sage auch: Wer die falsche Richtung nimmt, altert im Zeitraffer. So beschließen die beiden Damen, lieber ein paar runde Kieselsteinchen mitzunehmen. Gibt man einer geliebten Person nämlich heimlich ein Steinchen vom Aphrodite-Strand in die Tasche, verspricht das zwar nicht ewige Jugend, dafür aber ewige Liebe.

Die Steine des antiken Heiligtums verwendeten die Lusignan-Herrscher im 13. Jh. für den Bau einer Festung (oben). Von hier aus kontrollierten sie den Zuckerrohranbau und die Zuckerproduktion in der fruchtbaren Ebene. Der Strand von Pétra tou Romioú (darüber) gilt als Geburtsort der Liebesgöttin Aphrodite.

Noch etwas weiter östlich schmiegt sich wenige Kilometer von der Küste das Dorf Pissoúri an einen steilen Hang.

Das Aphrodite-Festival Páfos hat inhaltlich nichts mit der Liebesgöttin zu tun. Vor der Kulisse des Hafenforts wird jedes Jahr einer der großen Opernklassiker aufgeführt, von Bizet bis Verdi.

Das sagenumwobene Pétra tou Romioú inspirierte mit seiner Aphrodite viele Künstler, von der Antike bis heute. Am bekanntesten ist das Gemälde des italienischen Renaissancemalers Sandro Botticelli, auf dem Aphrodite – oder ihr römisches Pendant Venus – aus einer Muschel dem Meer entsteigt. Heute hängt es in den Uffizien in Florenz. Auf Zypern selbst kann man der omnipräsenten Aphrodite nicht entkommen. Es gibt sie als Statuette in Museen und als Kopie in Souvenirläden. Seit Jahrzehnten ist das Aphrodite-Festival in Páfos fester Bestandteil des Opernlebens, und die „Aphrodite Cultural Route", die quer über die Insel führt, bezieht alle wichtigen Stationen des Göttinnenkults ein.

GÖTTER AUSSER RAND UND BAND

Im historischen Provinzstädtchen Páfos, das 2017 europäische Kulturhauptstadt war, begegnet man weiteren mächtigen Zeitzeugen der Antike. Auf dem Ausgrabungsgelände im Archäologischen Park lässt sich eine Zeitreise vom 4. Jahrhundert vor Christus bis zum Mittelalter unternehmen. Kernstück sind kunstfertig gestaltete Mosaikböden in römischen Villen, die zum UNESCO-Welterbe gehören. Durch das reiche Farbspektrum der Mosaiksteinchen gelang es den Künstlern schon damals, den Gesichtern der Götterwelt Tiefe zu verleihen und die unterschiedlichsten Szenen aus der Mythologie zum Leben zu erwecken. Schließlich brachte die Liebe sogar

Das 1592 von den Osmanen errichtete Fort am Hafen von Páfos geht auf einen byzantinischen, später fränkischen Vorgängerbau zurück. Beim Aphrodite-Festival finden hier Opernaufführungen im Freien statt.

Der rund 500 Meter lange, flach abfallende, nicht nur bei Familien beliebte Sandstrand der Coral Bay ist einer der schönsten der Region – und von Páfos aus mit dem Linienbus erreichbar.

»ZYPERN IST DIE WIRKLICHE HEIMAT DER APHRODITE. NIEMALS SAH ICH EINE INSEL MIT SO WEIBLICHEM CHARAKTER ..., VOLLER GEFÄHRLICHER SÜSSER VERSUCHUNGEN.«

Nikos Kazantzakis (1883–1957), griechischer Schriftsteller, Autor von „Alexis Sorbas" die Götter außer Rand und Band, was in den Mosaiken bildlich festgehalten ist: Theseus, der nur mit Ariadnes Faden aus dem Labyrinth des Minotauros herausfand. Oder Orpheus, dem es zwar gelang, mit seinem Lied den Wächter der Unterwelt zu bezaubern; doch weil er sich vor Ungeduld zu früh nach seiner geliebten Eurydike umdrehte, konnte er sie dennoch nicht dem Hades entreißen. Ein trauriges Ende fanden auch Pyramos und Thisbe, deren Geschichte sich in Ovids Metamorphosen erhalten hat und später Shakespeare zu „Romeo und Julia“ inspirierte. Auf dem Mosaik ist im Hintergrund noch ein Raubtier mit Thisbes blutverschmiertem Schleier zu erkennen, der Pyramos fälschlicherweise glauben ließ, seine Geliebte sei nicht mehr am Leben, worauf er sich selbst tötete. Schicksalhaft auch Narziss, wie er selbstverliebt sein Spiegelbild im Wasser betrachtet – für seine Eitelkeit hatten ihn die Götter damit gestraft, nur sich selbst lieben zu können.

EIN SCHÖNLING ALS SPANNER

In der Abgeschiedenheit der Akámas-Halbinsel im äußersten Nordwesten lockt ein pechschwarzer Naturpool nachts bisweilen junge Urlauberpärchen an. Sie kommen im Schutz der Dunkelheit zu der Grotte bei Latsí, die der Legende nach der Liebesgöttin Aphrodite als Badeplatz diente. Eigentlich ist das Baden hier verboten. Vielleicht weil es sich, bei Licht betrachtet, eher um einen trüben Tümpel handelt, in dem dicke Aale schwimmen und in den es Federn der Tauben regnet, die in den Bäumen darüber nisten. Aber vielleicht ist das Wasser ja auch eine Art Hexenelixier, das ewige Schönheit und Liebe bringt?

Schon in der Mythologie ist der Ort auch mit Aphrodites Geliebtem verknüpft. „Hinter herabhängenden Zweigen soll Adonis auf einem Jagdausflug Aphrodite heimlich beim Bad beobachtet haben. Die Göttin verliebte sich in den Schönling und machte ihn zu ihrem ersten irdischen Liebhaber“, liest ein bärtiger Hipster aus seiner Reiseführer-App vor. Seine Begleiterin holt eine Flasche aus ihrem Rucksack: Aphrodite-Wein, weiß, leicht, trocken und für vier Euro in jedem Lebensmittelladen zu haben. „Besser ein Schluck Wein als ein Schluck Wasser aus der Fontana Amorosa“, meint sie. Schließlich besagt die Legende, dass man sich in die nächstbeste Person verliebt, wenn man vom Brunnenwasser der ganz in der Nähe liegenden Fontana Amorosa getrunken hat. „Alles nur Fake“, meint er. Doch sie entgegnet: „Ich möchte es lieber nicht ausprobieren.“

»DORT ÜBERSCHÜTTETEN SIE DIE GRAZIEN DER EWIGEN GÖTTER MIT GÖTTLICHEN DUFTÖLEN.«

Homer über Aphrodites Besuch in ihrem Tempel

DER PREIS DER LIEBE

Das reale Leben schreibt meist ohnehin die besseren Geschichten. Panicos Chrysanthou weiß das. Den griechisch-zyprischen Regisseur beschäftigt die Teilung Zyperns schon, seit er denken kann. 1951 in

Etwas außerhalb des Archäologischen Parks Páfos steht die spätbyzantinische Kreuzkuppelkirche Agía Kyriakí Chrysopolítissa ebenfalls auf einem ausgedehnten Ruinenareal.

Nikokles, der letzte Priesterkönig von Alt-Páfos, verlegte die Stadt an die Küste. Dass Néa Páfos, Neu-Páfos, durch seinen Hafen zu Wohlstand kam, belegen die „Königsgräber", in denen reiche Bürger bestattet wurden (ganz links), und die Mosaikfußböden.

Seit einem Zufallsfund 1962 wird Néa Páfos ausgegraben. Heute steht es Besuchern als Archäologischer Park offen.

Der Archäologiepark, der etwa ein Drittel der antiken Stadt umfasst, ist heute das touristische Highlight von Páfos. Auf dem Areal steht auch die mittelalterliche Festungsruine Saranta Kolones („Vierzig Säulen").

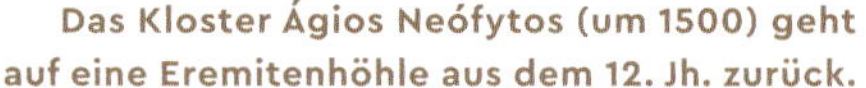

Das Kloster Ágios Neófytos (um 1500) geht auf eine Eremitenhöhle aus dem 12. Jh. zurück.

Unterwegs zur Avakás-Schlucht. Wer sie durchqueren will, sollte im Wandern geübt sein.

Kythréa geboren, musste er seine Heimat im Norden verlassen, als sie 1974 von den Türken besetzt wurde. Heute lebt Chrysanthou auf der Akámas-Halbinsel, wo 2006 sein gleichnamiger Spielfilm „Akámas" entstanden ist, Zyperns erster Beitrag zu den Filmfestspielen in Venedig. Die Geschichte beruht auf einer wahren Begebenheit: der schwierigen Liebe eines Türken zu einer Griechin. Zyperns Romeo-und-Julia-Paar aus dem Film heißt im richtigen Leben Hassan und Hambou. Beide widersetzten sich Ende der 1950er-Jahre allen Konventionen und heirateten – ein Muslim und eine orthodoxe Christin. Das war damals weder vorgesehen noch akzeptiert. Die Heirat verursachte zwischen den Heimatdörfern der beiden derart heftige Auseinandersetzungen, dass die Polizei einschreiten musste. Nur dank der Intervention von Erzbischof Makarios III., dem damaligen Präsidenten der Republik Zypern, wurde der Frieden wiederhergestellt. In einem gleichsam salomonischen Urteil befand Makarios: „Mohammed wird nicht reicher, und Christus wird nicht ärmer, wenn Hambou und Hassan verheiratet sind."

Das Ehepaar ließ sich in Hassans Dorf Androlikou nieder, damals eines der reichsten türkisch-zyprischen Dörfer der Region, mit vielen Landgütern und großen Ziegen- und Schafherden. Als 1975 im Rahmen des Bevölkerungsaustauschs nach dem türkischen Einmarsch mehr als 600 türkisch-zyprische Dorfbewohner in den Norden zogen, entschieden sich Hassan und Hambou, in Androlikou zu bleiben. „Sie hofften vergebens, dass sich das Zypern-Problem

FÜR DIE MODERNE APHRODITE

Nur wenige Kilometer von Aphrodites Badeplatz lockt das Luxushotel Anassa mit einem Meerwasser-Spa, wie es kein zweites auf der Insel gibt.

Wann immer Stars und Sternchen ihr Licht um ein paar Watt heller strahlen lassen wollen, machen sie sich auf die Suche nach einem sogenannten Hideaway – mit Jungbrunnengarantie. Wie dafür gemacht scheint das Hotel Anassa, abgelegen in einer Privatbucht an der Westspitze Zyperns. Ein lichtdurchfluteter Tempel mit großer Säulenhalle beherbergt die Spa-Anlage, eine Wohlfühloase der Thalassotherapie.

Im Anassa nutzt man die natürliche Kraft des mineralreichen Salzwassers und pumpt es direkt aus dem kristallklaren Meer in die Behandlungsräume. Dort wird es auf 36 Grad erwärmt und berieselt anschließend die Spa-Besucher mit sanftem Duschnebel oder sorgt als Powerstrahl für den nötigen Massageeffekt. Das regt die Durchblutung an und stärkt das Immunsystem.

Bereits in der Antike wussten Ärzte um die gesundheitsfördernde Kraft des Meeres. So ist es nicht verwunderlich, dass *anassa* im Altgriechischen auch „Königin" bedeutet und Zyperns bekannteste Göttin Anassa hieß – bis im 4. Jh. v. Chr. Aphrodite aus ihr wurde.

AN EINIGEN STELLEN GLEICHT DER DURCHGANG EINEM NADELÖHR, TEILS NUR EINEN METER BREIT.

Die Avakás-Schlucht beim Wallfahrtsort Ágios Georgios Pégeias ist eine der bedeutendsten Natursehenswürdigkeiten Zyperns.

Die Akámas-Halbinsel im äußersten Westen der Insel ist ein Refugium für Naturliebhaber, der Aphrodite-Trail …

… einer der schönsten Rundwanderwege Zyperns. Panicos Chrysanthou (ganz rechts) erzählt in seinem Spielfilm „Akámas" die Geschichte von Hassan und Hambou, die auf dem Friedhof von Androlikou nebeneinander begraben sind.

bald lösen wird, und bezahlten einen hohen Preis für ihre Liebe", erklärt Filmemacher Chrysanthou. Denn Androlikou entwickelte sich zum Geisterort, in dem bald nur noch Hassan und Hambou wohnten. Zum Überleben musste ihnen das Fleisch ihrer Schafe und Ziegen genügen und deren Milch, die sie zu Halloumi-Käse verarbeiteten. Chrysanthou, der beide seinerzeit manchmal besuchte, erinnert sich noch gut an das harte, karge Leben, das sie hier

»MOHAMMED WIRD NICHT REICHER UND CHRISTUS WIRD NICHT ÄRMER, WENN HAMBOU UND HASSAN VERHEIRATET SIND.«

Erzbischof Makarios III., erster Präsident Zyperns

führten, ohne Strom und fließendes Wasser. Und ohne andere Dorfbewohner, mit denen sie reden konnten. „Doch weggehen? Niemals! Nur hier fühlten sich Hambou und Hassan zu Hause."

Auch heute leben kaum mehr als eine Handvoll Leute in Androlikou, das sich die gespenstische Atmosphäre bewahrt hat. „Den ganzen Aphrodite-Hype überlässt man lieber den Selfie-knipsenden Touristen andernorts", sagt Chrysanthou. Wer den Filmemacher fragt, wo die wahre Liebe auf Zypern zu finden ist, den verweist er auf den kleinen Friedhof oberhalb des Dorfes, von wo man bis zum Meer hinunterschauen kann. Es ist der einzige Friedhof im Land, auf dem unter lauter Muslimen auch ein orthodoxes Grab zu finden ist: das von Hambou Pournoxouzi. Zu erkennen ist es ganz leicht am einzigen weißen Marmorkreuz weit und breit, zu dessen Seiten zwei betende Engel knien. Gleich daneben ruht Hambous große Liebe: Hassan Moustafa. „Schon im Leben haben sich die beiden nie auseinanderbringen lassen und im Tod erst recht nicht", sagt Chrysanthou, der keinen Hehl daraus macht, dass er vielen auf Zypern die Stärke dieses Paares wünscht, um endlich die Teilung der Insel zu überwinden.

Die schönsten Feste und Festivals

VON FEUCHT BIS FRÖHLICH

Die zyprische Gastfreundschaft gilt als legendär, denn die Zyprer feiern gern und oft. Sei es an religiösen Festtagen, an Staatsfeiertagen, zum Karneval oder einfach nur bei Volksfesten. Übers ganze Jahr verteilt gibt es zahlreiche Veranstaltungen, bei denen man sich mit reichlich Essen, Getränken, Musik, Tanz und vielen anderen Gästen vergnügen kann.

1 KARNEVAL NACH VENEZIANISCHER ART

Auf Zypern sind venezianische Karnevalsmasken nicht minder authentisch als in der Lagunenstadt, schließlich hat man den Karneval ja direkt von dort übernommen. Er ist ein Vermächtnis der Besatzungszeit, als Zypern von 1489 bis 1571 zur Republik Venedig gehörte. Besonders in Limassol stehen im Februar/März Paraden, Umzüge und Kostümwettbewerbe auf dem Programm, immer unter einem neuen übergeordneten Motto. Meist schließen sich Gruppen zusammen, die in identischen Kostümen durch die Straßen ziehen. Für die nächste Karnevalssaison gilt deshalb: Limassol statt Venedig!

GRIECHISCH-ORTHODOXE OSTERN

Zyprisches Brauchtum lässt sich besonders an einem der wichtigsten religiösen Feiertage der Insel erleben. Am Karsamstag werden bei traditionellen Messen in Kirchen und Klöstern die Trauerschleier von den Ikonen entfernt, am Abend auf dem Land Judasfiguren auf Scheiterhaufen verbrannt – besonders eindrucksvoll z. B. im Kloster Ágios Neófytos bei Páfos.
In der Nacht zum Ostersonntag öffnet man um Mitternacht die Kirchentüren, und alle Gläubigen entzünden ihre mitgebrachten Kerzen. Am Ostersonntag und Ostermontag trifft man sich in und um Páfos auf Straßen und Plätzen zu heiteren Osterspielen wie Eselwettrennen, Eierlaufen, Schubkarrenrennen oder Sackhüpfen.

3

IM REICH DER ESEL

Jahrhundertelang waren Esel als Lastentiere in der Landwirtschaft im Einsatz. Sie halfen auf Zypern bei der Herstellung von Olivenöl, hielten schwere Mühlsteine in Gang und transportierten Trauben von den Weinbergen. Heute sind die Tiere meist im Dienst des Tourismus unterwegs. In Skarínou, zwischen Lárnaka und Limassol, findet Anfang Mai, wenn die Jungtiere geboren werden, ein Esel-Festival auf der Golden Donkeys Farm statt, einer der größten Eselfarmen Europas. Etwa 170 Esel jeden Alters sind hier zu Hause. Während der Traditionsveranstaltung mit folkloristischer Unterhaltung, zyprischen Buffets und lokal hergestellten Produkten wie Eselmilchseife, können Eltern und Kinder auch einen Ausritt mit den Eseln unternehmen.

https://goldendonkeys.com

IM TAL DER ROSEN

„Für mich soll's rote Rosen regnen", sang einst Hildegard Knef. Im Bergdorf Agrós wäre sie sicherlich fündig geworden, denn hier im Tróodos-Gebirge dreht sich an zwei Mai-Wochenenden alles um die Rose. Der betörende Duft der Damaszener-Rosen hängt zur Erntezeit über den Gebirgshängen in der Luft. Etwa eine halbe Million handgepflückte Blüten kommen pro Monat zusammen. Während des Rosenfestivals haben Urlauber die Möglichkeit, in den örtlichen Werkstätten Interessantes über die Destillation von Rosen zu erfahren. So ergeben 500 Rosenblüten gerade mal einen Tropfen reines Rosenöl.

www.agros.org.cy

5

TRAGÖDIEN IM AMPHITHEATER

Eine bessere Kulisse kann wohl kaum ein neuzeitliches Theater bieten: Das Amphitheater von Koúrion liegt direkt am Mittelmeer und ist mit glänzender Akustik ausgestattet. Das Theater aus dem 2. Jh. v. Chr. war bei den Hellenen Aufführungsort von Tragödien, während die Römer hier später Gladiatoren- und Tierkämpfe veranstalteten. Ein Erdbeben ließ das Amphitheater 365 einstürzen, wonach es lange Zeit als Steinbruch herhalten musste. Wiederaufgebaut, bietet es heute bei regelmäßigen Aufführungen 3500 Zuschauern Platz. Abendveranstaltungen unterm Sternenhimmel sind hier immer stimmungsvoll, selbst wenn es sich dabei um Dramen handelt wie beim Ancient Greek Drama Festival im Juli/August.

www.greekdramafest.com

6

WASSERSPIELE

An Pfingsten wird es in Küstenstädten wie Lárnaka, Limassol oder Ayia Nápa gern mal nass. Dann feiern die Zyprer das Kataklysmós-Fest. Dabei gedenkt man nicht nur brav mit Bootsregatten der Rettung durch Noah vor der Sintflut. Weil Kataklysmós sinngemäß „Überschüttung" bedeutet, das Fest also der Reinigung von Körper und Seele dient, greifen Erwachsene wie Kinder gern zu Wassereimern, Spritzpistolen oder Gartenschläuchen, um sich gegenseitig nass zu machen. Im Juni heißt das Kommando auf Zypern: „Wasser marsch!" Volksfestgetümmel an den Uferpromenaden, Musik und Feuerwerk gehören natürlich auch dazu.

Akro Kokkina
Kato Pyrgos
Κατω Πυργος
Akro Pomos
Pomos
Πομος
Nea Dimmata
Νεα Δημματα
Chill Top
T i l l i r i a
Τ ι λ λ ι ρ ι α
Galini
Omerli
Mouttі tis Zounas
Fleva
Limnitis
Nisi Mazaki
Akrotirio Arnaoutis (Akamas)
Blue Lagoon
Fontana Amoroza
K o l p o s   C h r y s o c h o u s
Κ ο λ π ο ς   Χ ρ υ σ ο χ ο υ ς
Nisi tou Agiou Georgiou
Argaka
Αργακα
Pyrgos tis Rigainas
Loutra tis Aphroditis
Baths of Aphrodite
Kefalovrysia
Latsi
Polis
Πολις
Marion
Prodromi
Προδρομι
Neo Chorio
Νεο Χωριο
Nisi Koppos
Akro Gerakisou
Kakovounaros
Selladi tou Petrou
Kampos
Καμπος
Mavres Sykies
Selladi tou Stakiou
Aptoullina
Dodeka Anemoi
Tripylos
Tripilos Nature Reserve
Selladi tou Petro
Moumouros
Tzemalis
Koilada ton Kedrou
Cedar Valley
Moni Panagias tou Kykkou
Kykkos Monastery
Lysos
Λυσος
Drouseia
Δρουσεια
Ineia
Ινεια
Moutti tou Kourkouta
Stavros ton Kratimaton
Karka
Mouttі tis Primitias
Alonou di Distratou
Kaminaria
Καμιναρια
Kritou Tera
Κριτου Τερα
Giolou
Γιολου
Akrotirio Drepano
Nisi Geronisos
Kathikas
Καθικας
Gefyria
Pano Panagia
Πανω Παναγια
Moni Panagias Chrysorrogiatissas
Agios Mamas
Gefyra Roudia
Pegeia
Πεγεια
Stroumpi
Στρουμπι
Polemi
Πολεμι
Letymvou
Λετυμβου
Coral Bay
Nisi Nisaria
Ormos ton Korallion
Kallepeia
Καλλεπεια
Salamiou
Σαλαμιου
Kissonerga
Κισσονεργα
Tsada
Τσαδα
Amargeti
Αμαργετη
Manoilides
Kelokedara
Κελοκεδαρα
Mesogi
Μεσογη
Empa
Εμπα
Chlorakas
Χλωρακας
Episkopi
Επισκοπη
Kara tou Agiou Georgiou
Pafos
Παφος
Tafoi ton Vasileon
Tombs of the Kings
Saranta Kolones
Pafos Archaeological Park
Nea Pafos
The Mosaics of Pafos
Kato Pafos
Κατω Παφος
Geroskipou
Γεροσκηπου
Dora
Δωρα
Morokampos
Anarita
Αναριτα
Timi
Τιμη
Kilada tou Diarizou
Lithovouno
Anogyra
Ανωγυρα
Brachoi Moulia
Diethnis Aerolimenas Pafou
Pafos International Airport
PFO
Mandria
Μανδρια
Palaia Paphos
Kouklia
Κουκλια
Dasla
Aphrodite Hills Resort
Kalogenata
Petra tou Romiou
Aphrodite's Birthplace
Pissouri
Πισσουρι
Pikrokremmos
Akrotirio Aspro
1
2
3
4
Maßstab 1:250.000
0
2
4km

APHRODITES WELT

Im Westen, wo die Natur der Insel noch wild ist, kommen sowohl Wanderer wie Freunde der Antike auf ihre Kosten. Nirgendwo sonst ist die Landschaft so urwüchsig wie im Naturschutzgebiet der Akámas-Halbinsel. Bei Páfos bezaubern stattliche Königsgräber und Mosaike in römischen Villen.

Die von Bars, Cafés und Läden gesäumte Hafenpromenade ist die Flaniermeile von Káto Páfos.

PÁFOS

Nikokles, der letzte König des antiken Páfos, verlegte die Stadt 321 v. Chr. an die heutige Stelle direkt am Meer, wo Néa Páfos 600 Jahre lang Hauptstadt blieb. Die Hafenstadt wurde reich durch Holzexporte nach Ägypten und Einnahmen von Pilgern auf ihrem Weg ins Landesinnere, zum Aphrodite-Heiligtum im alten Páfos. Archäologische Bedeutung erlangte das heutige Páfos (35 900 Einw.), als ein Bauer 1962 bei der Feldarbeit auf historisch bedeutsame Mosaike aus römischer Zeit stieß. Das brachte den Ort 1980 auf die Liste des UNESCO-Weltkulturerbes und ließ ihn 2017 auch Kulturhauptstadt Europas werden. Das Städtchen teilt sich in die Unterstadt (Káto Páfos) mit lebhafter Hafenpromenade, vielen Bars, Restaurants und Hotels sowie den etwas oberhalb liegenden Ort Ktíma, auch Páno Páfos (Oberstadt) genannt, mit den vom alten Türkenviertel umgebenen Markthallen, klassizistischen Bauten und Museen.

Auch an Páfos' Promenade wird der Aphrodite gehuldigt: Skulptur von Yiota Ioannidou.

SEHENSWERT

Das **Fort** am westl. Ende des Hafens, 1592 von den Osmanen erneuert, trägt wesentlich zum Erscheinungsbild der Stadt bei und ist ein beliebtes Fotomotiv.

Direkt am Hafen beginnt das riesige Ausgrabungsareal von Néa Páfos, das zum Weltkulturerbe der UNESCO zählt. Höhepunkte des **Archäologischen Parks** sind vier bis zu 10 000 m² große Villen aus römischer Zeit (2.–4. Jh. v. Chr.) mit komplexen Bodenmosaiken. In der Villa des Dionysos (überdacht) finden sich besonders viele und gut erhaltene Mosaike. Auch das Haus des Theseus, des Aion und des Orpheus bergen Szenen aus der griechischen Mythologie. Die mittelalterliche Festungsruine **Saranta Kolones** (um 1100) gehört ebenfalls zum Park (Káto Páfos; Mitte April–Mitte Sept. tgl. 8.30–19.30, sonst bis 17.00 Uhr). 10 Gehmin. östl. davon ist die **Agía Kyriakí Chrysopolítissa** (16. Jh.), eine spätbyzantinische Kreuzkuppelkirche, von einem Ruinenareal umgeben (vorübergehend geschl.).

2 km nördl. liegen direkt am Meer die **Königsgräber** (3. Jh. v. Chr.), in denen jedoch keine Könige, sondern wohlhabende Bürger luxuriös in unterirdischen Tempelanlagen bestattet wurden (Öffnungszeiten wie Archäologischer Park).

MUSEEN

Die Sammlung des **Archäologischen Bezirksmuseums** umfasst eine seltene Marmorbüste der Göttin Aphrodite und ist auf Keramikfunde spezialisiert. Dazu gehört auch eine stattliche Kollektion kurioser Keramikwärmflaschen für verschiedenste Körperteile (Ktíma, Griva Digeni 43; Di.–So. 10.00–17.30 Uhr). Mit traditionellem Mobiliar gibt das private **Völkerkundemuseum** (auch Ethnografisches Museum) der Familie Eliades Einblick ins Leben wohlhabender Zyprer des ausgehenden 19. Jh.s (Ktíma, Exo Vrisis 1, www.ethnographicalmuseum.com; Mo.–Sa. 10.00 bis 17.00, So. 11.00–13.00 Uhr).

VERANSTALTUNGEN

Beim **Blumenfest Anthestiria** wird an einem Mai-So. mit farbenfrohen Blumenparaden der Frühling willkommen geheißen. Ostern trifft man sich auf der Planteia zu Wettbewerben wie Eselwettrennen, Eierlaufen, Sackhüpfen oder Schubkarrenrennen (s. S. 36). Das **Aphrodite-Festival** Ende Aug./Anf. Sept. mit Opernaufführungen vor der Kulisse des Hafenforts ist fester Bestandteil des kulturellen Lebens.

HOTELS

Das **€€€€ Almyra** (Poseidonos 12, Tel. +357 26 88 87 00, www.almyra.com), eines der seltenen eleganten Designhotels der Insel, befindet sich direkt am Strand. Die 187 Zi. und Suiten wurden 2020 komplett neu gestaltet, in klaren Linien und unterschiedlichen Blautönen, vom Mittelmeer inspiriert.

Ebenfalls direkt am Meer, unweit der Hafenpromenade, liegt in entspannter Eleganz das **€€€/€€€€ Annabelle** (Poseidonos 10, Tel. +357 26 88 50 00, www.annabelle.com.cy), die Grande Dame von Páfos, mit 244 Zi. und Suiten. Im 2,5 ha großen Tropengarten, durchzogen von sanft gewundenen Pools, Brücken, Wasserfällen und Grotten, findet jeder ein lauschiges Plätzchen. Das dazugehörige Strandrestaurant Mediterraneo bietet seine Meze-Spezialitäten unter freiem Himmel an.

RESTAURANT

In der Taverna **€€ Kiniras** (Makarios 91, Tel. +357 26 94 16 04, http://kinirashotel.com), einem Stadthaus aus dem 15. Jh. mit idyllischem Garten, serviert Familie Gregoriou in dritter Generation authentische zyprische Gerichte.

Das Hotel Anassa in einer Privatbucht bei Pólis fügt sich perfekt in die Landschaft ein.

UMGEBUNG

Der Name **Koúklia** (24 km südöstl.) geht auf die Lusignan-Festung Covocle zurück, die im 13. Jh. nahe dem heutigen Dorf aus den Überresten des Aphrodite-Heiligtums errichtet wurde, von dem, wie von ganz **Alt-Páfos**, kaum etwas erhalten ist. Ein kleines Museum in der Festung zeigt u.a. eine Kopie des berühmten Mosaiks „Leda mit dem Schwan" (Mitte April–Mitte Sept. tgl. 8.30 bis 19.30, sonst bis 17.00 Uhr); das Original befindet sich im Zypern-Museum in Nikosia.

In der Nähe von **Tala** (10 km nordöstl.) schlug der Einsiedler Neófytos in der zweiten Hälfte des 12. Jh. eine Kapelle und eine Zelle (Enkleistra) aus dem Bergmassiv; deshalb wurde das **Kloster Ágios Neófytos** auch als Kloster der Heiligen Felsenzelle bekannt. Einige Fresken an Wänden und Decken stammen noch aus dieser Zeit. Auch ein Kirchenmuseum ist zu besichtigen (www.stneophytos.org.cy; April–Okt. tgl. 9.00–13.00, 14.00 bis 18.00, sonst 9.00–16.00 Uhr).

Coral Bay (12 km nördl.) ist bei Familien sehr beliebt; am flach abfallenden Sandstrand in einer geschützten Bucht gibt es hier alles, was man zum Badevergnügen braucht: Liegen, Schirme, Wassersportveranstalter und Strandrestaurants. In den Sommermonaten finden große Strandpartys statt.

INFORMATION

Pafos Tourismus,
Agoras 8, 8010 Páfos (Oberstadt),
Tel. +357 26 93 28 41, www.visitpafos.org.cy

Blick über die urtümlich wilde Akámas-Halbinsel; hinten links im Bild die Blue Lagoon

PÓLIS CHRYSOCHOÚS

Das ganz im Nordwesten Zyperns gelegene Pólis (3600 Einw.) und das auf dem Gemeindegebiet liegende Fischerdörfchen Latsí (weitere 3 km nordwestl.) sind wichtige Ausgangspunkte für Touren ins angrenzende Naturschutzgebiet der **Akámas-Halbinsel** und in die Avakás-Schlucht (s. S. 41). Kleine Dörfer, üppige Vegetation und natürliche Wasserbecken prägen die Landschaft, die zu den schönsten der Insel gehört. Auch Aphrodite soll hier in einer Quelle gebadet haben. Mit Kiefern bewachsene Klippen fallen steil ins türkisfarbene Meer ab, und an der zerklüfteten Küste wechseln felsige Abschnitte mit romantischen Sandbuchten, in denen bisweilen noch Schildkröten ihre Brutplätze finden.

AKTIVITÄTEN

Ein 200 m langer Pfad führt vom Restaurant Baths of Aphrodite (4 km nordwestl. von Latsí) zu der Felsenhöhle, in der Aphrodite der Legende nach Adonis begegnete (Baden und Trinken des Wassers aus gesundheitlichen Gründen verboten).

Das Bad der Aphrodite ist Start- und Endpunkt des **Aphrodite-Trails** (7,5 km, 3 Std.). Die Rundtour, einer der schönsten Wanderwege Zyperns, führt steil hinauf zum Kap Arnaoútis mit atemberaubender Aussicht über den Golf von Chrysochoú. Weiter geht es entlang dichter Pinienwälder und durch Landstriche mit wilden Orchideen zum Moutti tis Sotiras (370 m) und nach Pyrgos tis Rigainas, wo man vor dem Abstieg im Schatten einer hundertjährigen Eiche mit nahegelegener Quelle rasten kann. Der **Adonis-Trail** (7,5 km) verläuft bis Pyrgos tis Rigainas identisch mit dem Aphrodite-Trail, hat jedoch einen flacheren Abstieg: über eine Schleife am Dorf Kefalovrysi vorbei durch den Akámas-Wald.

Das glasklare Wasser der **Blue Lagoon** (11 km nordwestl. von Latsí; s. S. 22) leuchtet in allen Blauschattierungen.

HOTELS

Wie ein traditionelles Dorf schmiegt sich das Resort **€€€€ Anassa** (Alekos Michaelidis Road 40, Neo Chorio, Tel. +357 26 88 80 00, www.anassa.com) mit seinen 166 Suiten und Villen in eine Privatbucht nahe dem Akámas-Nationalpark. Hellenistische Motive, römische Mosaike und venezianische Fresken greifen Zyperns reiches kulturelles Erbe auf. Spazierwege führen durch üppige Gärten und Poolanlagen zum kristallklaren Meer, das für ausgezeichnete Thalasso-Anwendungen genutzt wird (s. S. 32). Besonders reizvoll: Auf dem hoteleigenen Dorfplatz mit Kapelle gibt es einmal pro Woche ein traditionelles zyprisches Buffet mit Livemusik und Tanz.

Das **€€€€ Secret Forest Wellness Retreat & Healing Spa** in Miliou (16 km südl. von Pólis; Tel. +357 26 81 40 00, https://secretfo.rest/en) ist in einem ehem. Kloster untergebracht (s. S. 115).

RESTAURANT

Im **€€ Porto Latchi** (Tel. +357 26 32 15 30, www.portolatchi.com) in einer ausgebauten alten Johannisbrotscheune in Latsí, mit Arkadenarchitektur und Plätzen am Strand, kann man Seafood in allen Variationen schlemmen – und in der Saison Livemusik dazu genießen.

INFORMATION

Polis Tourismus,
Vasileos Stasioikou A' 2, 8820 Pólis Chrysochoús, Tel. +357 26 32 24 68,
www.polischrysochous.net

PÁNO PANAGIÁ

Als Michalis Mouskos wurde der spätere Erzbischof Makarios III. 1913 in Páno Panagiá (560 Einw.) an den Hängen des Tróodos-Gebirges geboren. Schon sein Dorfschullehrer wusste: „Der Junge ist zu begabt, um Ziegen zu hüten." Und: „Ein zu

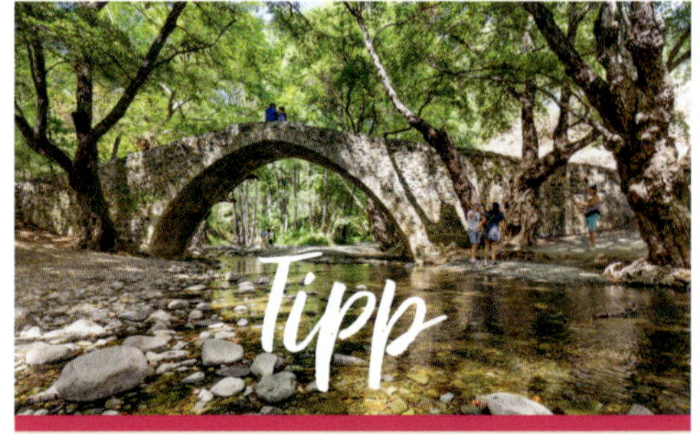

VENEZIANISCHES IDYLL

Ein schattiges Picknickplätzchen am plätschernden Wasser, über das venezianische Rundbogenbrücken führen – darauf freut sich Studentin Melina, wann immer sie am Wochenende ihre Familie auf dem Land besucht. Die drei idyllisch in die Waldlandschaft eingefügten Brücken stammen aus venezianischer Herrschaftszeit und waren im 16. Jh. Teil wichtiger Handelsrouten vom Norden zu den Häfen im Süden der Insel.

*Für den ausgeschilderten **Wanderweg**, der die **Roudiá-Brücke** (10 km südöstl. von Páno Panagiá), **Kelefoú-Brücke** (oberhalb von Ágios Nikólaos) und **Eliá-Brücke** (südl. von Kaminária) verbindet, ist etwa ein halber Tag einzuplanen.*

großer Mann für eine kleine Insel", urteilte einst Henry Kissinger über den ersten Staatspräsidenten der Inselrepublik, der politisch betrachtet vielen als Fidel Castro Zyperns galt.

SEHENSWERT
Das **Eltern- und Geburtshaus von Makarios III.** besteht aus zwei fensterlosen Räumen mit gestampftem Lehmboden. Alltagsgegenstände dokumentieren das einfache Familienleben. Den Schlüssel zum Haus erhält man im **Museum der Erzbischof-Makarios-Stiftung** am Dorfplatz, wo noch weitere Fotos und Kleidungsstücke zu sehen sind (Mo.–Fr. 9.00–13.00, 14.00–16.00 Uhr).

UMGEBUNG
Das **Chrysorrogiátissa-Kloster** (2 km südwestl.), dessen Name „Kloster der Heiligen Jungfrau des goldenen Granatapfels" bedeutet, hat seine Weinproduktion zwar inzwischen ausgelagert; aber im Klosterkeller werden besonders gute Flaschen aufbewahrt, und es gibt ein Museum mit historischen Gerätschaften zur Weinherstellung (Mai–Aug. tgl. 9.30–12.30, 13.30–18.30, sonst 10.00–12.30, 13.30–16.00 Uhr).

INFORMATION
www.visitcyprus.com/index.php/en/places-to-go/360398-panagia-village

PÉTRA TOU ROMIOÚ

Der Strandabschnitt mit der imposanten Felsformation hat seinen Namen Pétra tou Romioú („Fels der Römer", also der Griechen des Oströmischen Reiches) dem byzantinischen Helden Digenis Akritas zu verdanken, der die Felsen der Legende nach an diese Stelle wuchtete, um die Sarazenen aus dem Norden der arabischen Halbinsel (7.–10. Jh.) fernzuhalten. Bekannter ist die Legende, wonach Aphrodite hier aus dem Schaum des Meeres geboren worden sei. Der Strand mit seinen Felsen und Kalksandsteinklippen inspiriert bis heute viele Besucher, sich die Erzählung Hesiods von der Geburt der Liebesgöttin bildlich vorzustellen.

Bad der Aphrodite bei Latsí: Wenig spektakulär, aber Ausgangspunkt schöner Wandertouren

DAS GRAND-CANYON-GEFÜHL

Was für ein Spektakel, wenn die Sonne ihr Licht- und Schattenspiel über die bis zu 500 Meter hohen Steilwände der Avakás-Schlucht wandern lässt. Dann sieht die Canyon-Landschaft plötzlich wie eine erleuchtete Felsenkathedrale aus.

An einigen Stellen gleicht der Durchgang einem Nadelöhr, mit teils nur einem Meter Breite. Wo sich senkrechte Riffkalkwände auftürmen, richtet ein Wanderer den Blick staunend nach oben: „Eine riesige Felsenkugel, komplett zwischen den Steilwänden verkeilt!" Klar, dass da rasch ein Selfie gemacht wird. Dabei lässt man die Felsennischen besser nicht aus dem Blick. Schließlich stellen hier bisweilen auch Ziegen ihre Kletterkünste unter Beweis, sodass man auf Steinschlag gefasst sein muss.

Achtung, Steinschlaggefahr! Die Durchquerung der Schlucht ist ein Abenteuer.

An heißen Sommertagen ist es angenehm kühl im Canyon, weil die Sonne höchstens eine halbe Stunde am Tag bis zum Schluchtengrund vordringt. Dennoch kann man sich in der eindrucksvollen Kulisse an mehr als 300 Pflanzenarten erfreuen, darunter auch die Centauria Acamanantis, eine rot blühende Wildblume, die nur hier heimisch ist. Für ausreichend Wasser sorgt das Flüsschen Avgas, Namensgeber der Schlucht. Auf seinem Weg zum Meer legt es gut zehn Kilometer zurück, im Sommer meist nur als Rinnsal. An regnerischen Wintertagen kann es zum reißenden Wildwasser werden.

Anfahrt: Mit dem Pkw von Ágios Geórgios Pégeias (20 km nordwestl. von Páfos) Richtung Nordwesten zur Küste und 2,5 km nach Norden. Der Parkplatz liegt an der Küstenstraße; von dort zu Fuß noch 1 km zum Eingang der Schlucht.
Oder mit dem Geländewagen bzw. zu Fuß etwas östl. von Ágios Geórgios Pégeias 3 km nach Norden, direkt zum Schluchteingang. Örtliche Veranstalter bieten auch geführte Jeepsafaris an.

Wanderung: Der Weg ist gekennzeichnet, der erste Teil leicht zu begehen. Ungeübte Wanderer kehren dann um.
Die Durchquerung der Schlucht ist anspruchsvoll, teils eher Kletterabenteuer als Wandertour, festes Schuhwerk unbedingt erforderlich! Die Hauptschlucht ist nach ca. 1 Std. durchquert. Auf einem bequemen Schotterweg geht es bergab zurück zum Ausgangspunkt.

Zentralregion

VON HEILIGEN UND SCHEINHEILIGEN

Das Tróodos-Gebirge ist das grüne Herz der Insel. Neben Spitzenweinen überraschen farbenfrohe Scheunendachkirchen und Dörfer, die wie Schwalbennester an den Hängen kleben. Im Winter wird hier noch Ski gefahren, während an der Küste schon die Ersten im Meer baden.

Köln? Santa Cruz de Tenerife? Nein, Limassol! Karneval auf Zypern, das erwartet man nicht unbedingt, doch das närrische Treiben hat hier eine lange Tradition.

ZUKUNFTSPERSPEKTIVEN GAB ES IN DER ABGESCHIEDENEN REGION DES TRÓODOS-GEBIRGES FRÜHER KAUM, WESHALB DIE JUNGEN IN DIE STÄDTE ABWANDERTEN.

Ein Instrument, den Tourismus in den abgelegenen Dörfern zu fördern, sind die Weinstraßen. Gleich sieben solcher Routen gibt es auf Zypern. Das Dörfchen Lofou liegt an einer davon, auf 780 Meter Höhe.

Sobald das erste Morgenrot über den Horizont wandert, gerät im Frühjahr ein ganzes Dorf in Aufruhr. Der betörende Duft der Damaszener-Rosen, einer alten, nur einmal im Jahr blühenden Sorte, erfüllt im Mai die Luft rund um das Dorf Agrós, an den Hängen des Tróodos-Gebirges. Die Erntehelfer sind dann schon im Morgengrauen im Einsatz, denn die Rosen müssen gepflückt sein, bevor die Sonne die Blütenblätter wärmt und damit den Duft entweichen lässt. Ungefähr eine halbe Million Blüten, einzeln von Hand gepflückt, kommen so in einem Monat zusammen. „500 Rosenblüten ergeben nach der Destillation gerade mal einen Tropfen reines Rosenöl", erklärt Chris Tsolakis, den sie im Dorf den Rosenkavalier nennen. Die Rosenfarm seiner Familie wird seit 1948 biologisch bewirtschaftet, und Besucher, die bei der Verarbeitung zusehen, sind erstaunt, was man aus der Königin der Blumen alles herstellen kann. Rosenöl, Rosenwasser, Cremes, Seifen, Likör, Wein, Tee und Kerzen füllen die Verkaufsregale im angeschlossenen Laden.

»WIR WOLLTEN DEN TOURISMUS FÖRDERN UND WIEDER MEHR LEBEN INS DORF BRINGEN.«

Chris Tsolakis, „Rosenkavalier" in Agrós

Rosenkavalier Chris ist bei Weitem nicht der einzige findige Unternehmer im Ort. Gleich nebenan kocht Niki Agathokleous Früchte und Gemüse aus der Region zu süßen Leckereien ein (s. S. 61). Herzhafter geht es im Laden der Familie Kafkalia zu, die nach traditionellen Rezepten Würste, Schinken und Fleisch räuchert und die Spezialitäten mit heimischen Kräutern und Rotwein würzt.

AUFGEBEN? NIEMALS!

Dass die Kleinunternehmer mit ihren regionalen Produkten so erfolgreich sind und in alle Welt exportieren, ist nicht selbstverständlich. Es war ein steiniger Weg bis dahin. Zukunftsperspektiven gab

Ómodos – oben die Klosterkirche Heiligkreuz und der Dorfplatz – und Anógyra (unten) sind weitere Weinstraßendörfer.

Insgesamt sind auf Zypern 52 Wanderwege ausgeschildert, viele davon im Tróodos-Gebirge. Der sieben Kilometer lange Artemis-Weg führt fast eben einmal rings um Gipfel des Olympos herum – mit 1952 Metern der höchste Berg der Insel.

Das mächtige und reiche Kloster Kýkko auf 1318 Meter Höhe ist wegen einer dem Evangelisten Lukas zugeschriebenen Marienikone in der ganzen orthodoxen Welt bekannt. Erzbischof Makarios III., der erste Präsident Zyperns, war hier einst Novize.

Deutsche Reisende fühlen sich im Tróodos-Gebirge manchmal an den Schwarzwald erinnert.

Auch der Mylloméri-Wasserfall bei Páno Plátres ist Ziel eines Wanderwegs.

SO DUFTETE ZYPERN

In Pyrgos-Mavroraki bei Limassol haben Archäologen eine mehr als 4000 Jahre alte Parfümerie entdeckt. Das älteste Parfüm der Welt stammt also aus Zypern. Schon damals liebten zyprische Adlige exquisite Düfte. Parfüm wurde für religiöse Zeremonien in Palästen und Tempeln genutzt, aber auch zu Schönheits- und therapeutischen Zwecken. Anis, Kiefer, Koriander, Bergamotte und Mandeln sind die häufigsten Extrakte, die Wissenschaftler in Parfümresten aus alten Krügen und Flaschen in Pyrgos gefunden haben. Zur Gewinnung der ätherischen Öle diente neben dem Auflösen oder Kaltpressen auch das Extrahieren mit Rindertalg oder Lösungsmitteln. Das Grabungsgelände in Pyrgos ist derzeit noch nicht zugänglich, doch im Soléa-Tal bei Korakou kann man einen Parfümthemenpark besuchen, in dem mit nachgebauten Apparaten historische Duftmixturen hergestellt werden (www.pyrgos-mavroraki.eu, www.perfumecypark.org).

es in der abgeschiedenen Region des Tróodos-Gebirges früher kaum, weshalb die Jungen in die Städte oder gleich ins Ausland abwanderten. Doch die Dörfler wollten nicht aufgeben, schließlich lieben sie ihre Heimat. Und warum sollten die Spezialitäten, die sie aus dem herstellen, was hier in den Bergen wächst, nicht auch anderen gut schmecken? Die besonders nährstoffreichen Böden und das ideale Inselklima bringen landwirtschaftliche Produkte von ausgezeichneter Qualität hervor.

„Um den Tourismus zu fördern und wieder mehr Leben ins Dorf zu bringen, gründeten wir 1976 eine Aktiengesellschaft und errichteten auf ehemaligem Weideland ein Hotel“, erzählt Chris Tsolakis. Auf der ausgebauten Straße kamen bald die ersten Gäste, um im Gebirge zu wandern und zu schlemmen. Und etliche einst abgewanderte Kinder kehrten in die Heimat zurück, um bei den gut florierenden Familienunternehmen mitzuarbeiten. Das machte rasch Schule. Schon 2007 verlieh die Europäische Kommission der Tróodos-Region den Eden-Preis als herausragendes europäisches Reiseziel, weil man sich im Agrotourismus engagiert und 2000 Gästebetten in traditionellen Wohnhäusern und Hotels anbietet.

INS GRÜNE HERZ

„Das ist ja wie im Schwarzwald“, staunt eine Wanderin – ein Eindruck, an dem die jahrhundertealten Schwarzkiefern nicht ganz unschuldig sind. Während sich an den flach abfallenden Flanken des Gebirges Weingärten und Obstplantagen aneinanderreihen, machen Eichen, Kiefern, Pinien und Zedern

„Innere Werte“, viel gerühmt – die Scheunendachkirchen im Tróodos-Gebirge verkörpern sie perfekt: Außen ein schlichtes Schindeldach und unverputzte, raue Steinwände …

… innen prächtige byzantinische Fresken. Ganz oben die Kirche des nicht mehr bestehenden Klosters Ágios Ioánnis Lampadistís in Kalopanagiótis, darunter die Panagía Forviótissa in Asínou.

die Hochlagen zur grünen Oase der sonst sonnenverbrannten Insel und damit zum idealen Revier für Wanderer und Mountainbiker. Auf leichtgängigem Terrain führt beispielsweise der sieben Kilometer lange Artemis-Weg um den 1952 Meter hohen Olympos, den höchsten Berg Zyperns, herum. Mit mehr als 770 Pflanzenarten ist das Gebiet eines der artenreichsten der Insel. Vielleicht begegnet man in der ursprünglichen Landschaft einem der letzten frei lebenden Mufflons oder sieht einen Adler am Himmel seine Kreise ziehen. Kleine, turmlose Kirchen schützen mit weit heruntergezogenen Satteldächern ihre farbenfrohen byzantinischen Fresken vor der extremen Witterung der Gebirgsregion, wie äußerlich unscheinbare Schmuckkästchen. Zehn dieser Scheunendachkirchen hat die UNESCO in die Liste des Weltkulturerbes aufgenommen, darunter die Panagía Forviótissa in Asínou als kunsthistorisch bedeutendste Vertreterin.

KLEINE, TURMLOSE KIRCHEN SCHÜTZEN MIT WEIT HERUNTERGEZOGENEN DÄCHERN FARBENFROHE FRESKEN.

VON HÖLLEN- UND STEUERQUALEN

Wenn man aus der gleißenden Sommersonne ins Innere einer solchen Kirche tritt, müssen sich die Augen erst an die Dunkelheit gewöhnen, um zu erkennen, welche Detailtreue die Wandmalereien aus dem frühen 12. bis 14. Jahrhundert auszeichnet. In Asínou kommen die leuchtenden Farben besonders gut zur Geltung, weil sie in den 1960er-Jahren von Experten der Harvard-Universität restauriert wurden. So rücken in der westlichsten Nische der Nordwand vierzig zitternde Märtyrer eindringlich ins Blickfeld, die in Sebaste – dem heutigen Sivas in der Türkei – auf einem zugefrorenen See dem Erfrierungstod ausgesetzt wurden. Und bevor der Besucher die Kirche wieder verlässt, werden ihm in der Vorhalle noch einige bildliche Ermahnungen mit auf den Weg gegeben, die Gesetze von Kirche und Staat zu befolgen: Weinend und zähneknirschend

Archángelos Michail in Pedoulás, ebenfalls eine der „Bemalten Kirchen im Gebiet von Tróodos", wie die UNESCO-Welterbestätte offiziell heißt

Außen unscheinbar, innen herrlich, das gilt auch für die Panagía Forviótissa in Asínou (oben und linke Seite) und die Panagía tou Árakos in Lagouderá (links).

An Limassols Uferpromenade ragen die Hochhäuser in den Himmel – und es kommen immer noch neue hinzu.

Der alte Hafen (oben) am südwestlichen Ende der Promenade (rechts) hat sich zum Ausgehviertel gemausert.

müssen die im Jüngsten Gericht Verdammten martialische Bestrafungen ertragen.

Auch eine Darstellung des heiligen Mamas von Kappadokien, des Schutzpatrons der Steuerhinterzieher, gibt es zu entdecken. „Lebenslange Steuerbefreiung, das wär's", schwärmt ein Reisender aus dem Bayerischen Wald und betrachtet den auf einem Löwen reitenden Mamas. Der Einsiedler hatte das Raubtier gezähmt, um darauf in die Stadt zu reiten, weil auch er Steuern zahlen sollte. Doch dann war man dort von seiner Aktion so beeindruckt, dass man ihm die Abgaben auf Lebenszeit erließ. „Vielleicht leihe ich mir mal den Drachen vom Further Festspiel aus und reite damit zum Finanzamt", scherzt der Bayerwaldler, während seine Frau genervt die Augen verdreht.

HIMMELHOHE HÄUSER

Wer aus der grünen Oase der Berge nach Limassol an die Küste fährt, erlebt ein echtes Kontrastprogramm, nicht nur weil an den Hängen des Tróodos-Gebirges im Winter noch Ski gefahren wird, während kaum fünfzig Kilometer entfernt die Ersten schon im Meer baden. Mit dem Niedergang von Famagusta-Varósia – einst ein Society-Hotspot für Badeurlauber, der jedoch als türkisch besetztes Gebiet seit 1974 zum Geisterort verfiel – siedelten sich hier an der Südküste zahlreiche Strandhotels an. Durch die Aufnahme von griechischen Flüchtlingen, die nach der Teilung der Insel aus Nordzypern kamen, sowie von Kriegsflüchtlingen aus dem Libanon wuchs Limassol rasch zur zweitgrößten Stadt Zyperns heran und etablierte sich als Zentrum für Investoren. Nachdem die Obergrenze für die Höhe von Gebäuden aufgehoben wurde, sodass die Häuser nun in den Himmel wachsen dürfen, wird gebaut, was das Zeug hält. Little-Dubai nennen die Einheimischen deshalb die Küstenstadt. Gefallen muss das nicht jedem.

DIE STEUERTRICKSER

An der kilometerlangen palmengesäumten Uferpromenade, die durch eine vierspurige Durchgangsstraße von den Hochhausglaspalästen getrennt ist, erinnert sich Nikos an längst vergangene Zeiten. Dabei blickt er hinaus auf die vielen Containerschiffe, die sich vor der Küste wie an einer Schnur aufreihen; aus Steuerspargründen fahren viele der Schiffe unter zyprischer Flagge. Nikos schwärmt vom frühmorgendlichen Sprung ins kristallklare Wasser, den er früher regelmäßig vom alten Steg am Ende der Promenade gemacht hat. „Nun wurde der Hafen zur Ausgehmeile umgebaut, samt privater Marina mit schwimmenden Luxusvillen und Jachthafen für die Reichen und Schönen", sagt er traurig, obwohl er als kleiner Cafébesitzer eigentlich davon profitiert. Es sind eben andere Zeiten, seit neureiche Russen viele Läden mit Nobelmarken in die Stadt gelockt haben und immer mehr Lokale und Geschäfte in kyrillischer Schrift werben.

Britische Kolonialbauten prägen manche Gasse in Limassols Altstadt.

Die große Karnevalsparade am Faschingssonntag in Limassol ist Höhepunkt des närrischen Treibens und krönender Abschluss zugleich.

Denn anders als in deutschen Karnevalshochburgen ist auf Zypern nicht an Aschermittwoch alles vorbei, sondern …

… bereits am Rosenmontag, dem Beginn der Fastenzeit. Davor wird aber kräftig gefeiert, fantasievoll, bunt und laut.

Die Lokale in der Altstadt von Limassol sind so zahlreich wie vielfältig. Anders als etwa in Ayia Nápa geben hier Einheimische den Ton an, nicht die Touristen.

Kleine Badebuchten zwischen weißen Felsen zeichnen den östlich von Limassol liegenden Governor's Beach aus.

Um insbesondere den Immobiliensektor anzukurbeln, hatte sich die zyprische Regierung nach der Wirtschaftskrise 2013 eine zweifelhafte Strategie einfallen lassen. Investoren und deren engste Familienmitglieder erhielten für eine Kapitalanlage ab 2,5 Millionen Euro automatisch die zyprische Staatsbürgerschaft und wurden so zu EU-Bürgern. Etwa 7300 Personen aus mehr als 70 Staaten, mehrheitlich Russen und Chinesen, sollen auf diese Weise EU-Pässe erhalten haben. Seit 2013 nahm Zypern dadurch rund 9,7 Mrd. Euro ein. Weil nicht immer klar war, woher das Geld der Kunden stammte, und somit Geldwäsche, Korruption und Steuerhinterziehung Tür und Tor geöffnet waren, musste Zypern Ende 2020 die Vergabe der sogenannten Goldenen Pässe auf Druck der EU in dieser Form stoppen. Als neue Einnahmequelle hat man nun das Glücksspiel entdeckt. Weil die Republik Zypern hierzu eine sehr liberale Haltung pflegt, haben etliche Online Casinos und zahlreiche landbasierte Spielbanken hier ihren Firmensitz. Damit will man nicht nur die Steuereinnahmen erhöhen, sondern durch den Bau von riesigen Casino Resorts wie „City of Dreams Mediterranean“ auch den Tourismus stärken. Ganz ohne Risiko waren Steuersparaktionen auf Zypern allerdings noch nie – man erinnere sich an den heiligen Mamas, der dafür einen Löwen zähmen musste, um in die Stadt zu reiten.

Auf der Akrotíri-Halbinsel, südwestlich von LImassol, finden sich das „Katzenkloster" Ágios Nikólaos ton Gatón (ganz links) und die Johanniterfestung Kolóssi, von der nur noch der 1454 errichtete Wohnturm steht.

Wenig mehr als einen Katzensprung von Kolóssi entfernt liegt die Ausgrabungsstätte Koúrion spektakulär am Meer.

»ZYPERN IST MEINE INSEL. WENN ES GANZ HART KOMMT, WÄRE ES WUNDERBAR, DICH AN EINEM ÄHNLICHEN ORT ZU FINDEN.«

David Bowie in „Move on"

Trauben mit Geschichte

WEIN DER KÖNIGE

Mehr als 5000 Jahre Historie fließen mit dem Commandaría ins Glas. Der weltweit einzigartige Dessertwein aus dem südlichen Tróodos-Gebirge verströmt herrliche Aromen von Dörrfrüchten und Nüssen und leuchtet in dunklen Bernsteinfarben.

Das Weinfest in Limassol, Anfang September, ist eine gute Gelegenheit, Weine aus der Region zu verkosten.

„Wir trinken Cyprier und küssen schöne Mädchen", schwärmt Fiesco in Friedrich Schillers Trauerspiel „Die Verschwörung des Fiesco". Ob der weinliebende Dichter dabei an den berühmten Commandaría gedacht hat, ist nicht überliefert. Doch so viel ist klar: Zyperns einheimische Weinsorten sind schon uralt, denn die Inselreben hatten das Glück, dass sie im 19. Jahrhundert von der Reblausplage verschont blieben.

Die bis zu 1400 Meter hoch liegenden Anbaugebiete im südlichen Tróodos-Gebirge – mit die höchsten in Europa – bieten den Reben ideale Bedingungen. Die Wechselwirkung von heißen Tagen und kühlen Nächten bringt einen Wein von intensivem Aroma und gleichzeitig großer Frische hervor. Hatte man sich noch bis in die 1990er-Jahre auf die Produktion großer Mengen von Billigweinen für Osteuropa konzentriert, spielen inzwischen hochwertige Weine und autochthone Besonderheiten wie der Commandaría eine bedeutendere Rolle.

DIE GROSSE KOMMANDANTUR

Der weltweit einzigartige Süßwein wurde bereits im 8. vorchristlichen Jahrhundert in den Schriften des Hesiod als Wein namens Nama erwähnt. Seine heutige Bezeichnung erhielt er während der Kreuzzüge im 12. Jahrhundert. Vom „Wein der Könige und König der Weine" schwärmte schon Richard Löwenherz über den Commandaría, mit dem er 1191 in Limassol die Eroberung Zyperns und seine Vermählung mit Berengaria von Navarra feierte. Nur ein Jahr später wusste König Richard allerdings nichts mehr mit Zypern anzufangen und verkaufte die Insel für 100 000 Dinar an die Ordensritter der Johanniter.

Commandaría dürfen deshalb heute nur vierzehn Gemeinden auf Zypern ihren Dessertwein nennen. Die Richtlinien sind streng: Alle waren sie einst Lehen des Johanniterordens, der seinen Hauptsitz in Kolóssi hatte. Hier thront noch immer die mittelalterliche Burg, die als „La Grande Commanderie", als Große Kommandantur, Namensgeberin des Süßweins war.

Noch heute werden Commandaría-Reben nicht bewässert und wachsen traditionell in Buschform. Zugelassen sind für den Dessertwein nur zwei autochthone Rebsorten: die rote Mavro- und die weiße Xynisteri-Traube. Obendrein legt eine strenge Ertragsbeschränkung fest, dass pro

Die Reben wachsen traditionell in Buschform. Die Weinkellerei Anama Concept erzeugt einen preisgekrönten Commandaría.

Hektar nur siebzehn Hektoliter Commandaría produziert werden dürfen.

KLEINE KUNSTWERKE

In Zoopigí wachsen die mehr als hundert Jahre alten Reben, von denen die Trauben für den preisgekrönten Commandaría von Anama Concept stammen. Mit dem familiengeführten Unternehmen haben sich der Önologe Lefteris Mohianakis und die Designerin Kristina Apostolou einen Lebenstraum erfüllt. Als Mohianakis zum ersten Mal einen Commandaría probierte, erkannte er schnell das Potenzial in den Trauben. „Wie ein Rohdiamant, den man mit Bedacht schleifen und zum Funkeln bringen kann." Und so wird bei Anama Concept vieles auf klassische Weise in reiner Handarbeit erledigt.

Schon vor der Ernte werden die Weinblätter vom Rebstock entfernt, sodass die Trauben noch tagelang in der Sonne reifen, bis sie fast rosiniert sind und damit bereits bei der Lese eine hohe Süße erreicht haben. Drei Jahre lang kann der Commandaría dann sein ausgeprägtes Aroma im Eichenfass entwickeln. Für die Abfüllung hat Designerin Kristina Apostolou formschöne Flaschen mit einzigartigen Etiketten entworfen, die kleinen Kunstwerken gleichen. Schließlich braucht ein Diamant auch eine adäquate Fassung.

COMMANDARÍA

DIE VIERZEHN COMMANDARÍA-DÖRFER

Ágios Mámas, Ágios Pávlos, Ágios Konstantínos, Louvarás, Láneia, Gerása, Monágri, Silíkou, Kapilio, Apsioú, Dóros, Kaló Chorió, Ágios Geórgios, Zoopigí.

CYPRUS WINE MUSEUM

Pafos Street 42, 4630 Erimi (13 km westl. von Limassol), tgl. 10.00–17.00 Uhr, Tel. +357 25 87 38 08, www.cypruswinemuseum.com

ANAMA CONCEPT

2565 Lythrodóntas (37 km nordwestl. von Lárnaka), Tel. +357 96 32 94 82, www.theanamaconcept.com

WEINTOUREN

Es gibt sieben verschiedene Weinstraßen auf der Insel, darunter auch eine zu ausgewählten Commandaría-Weingütern: www.visitcyprus.com/files/wine_routes/Cyprus_Wine_Routes_4600414_GER.pdf

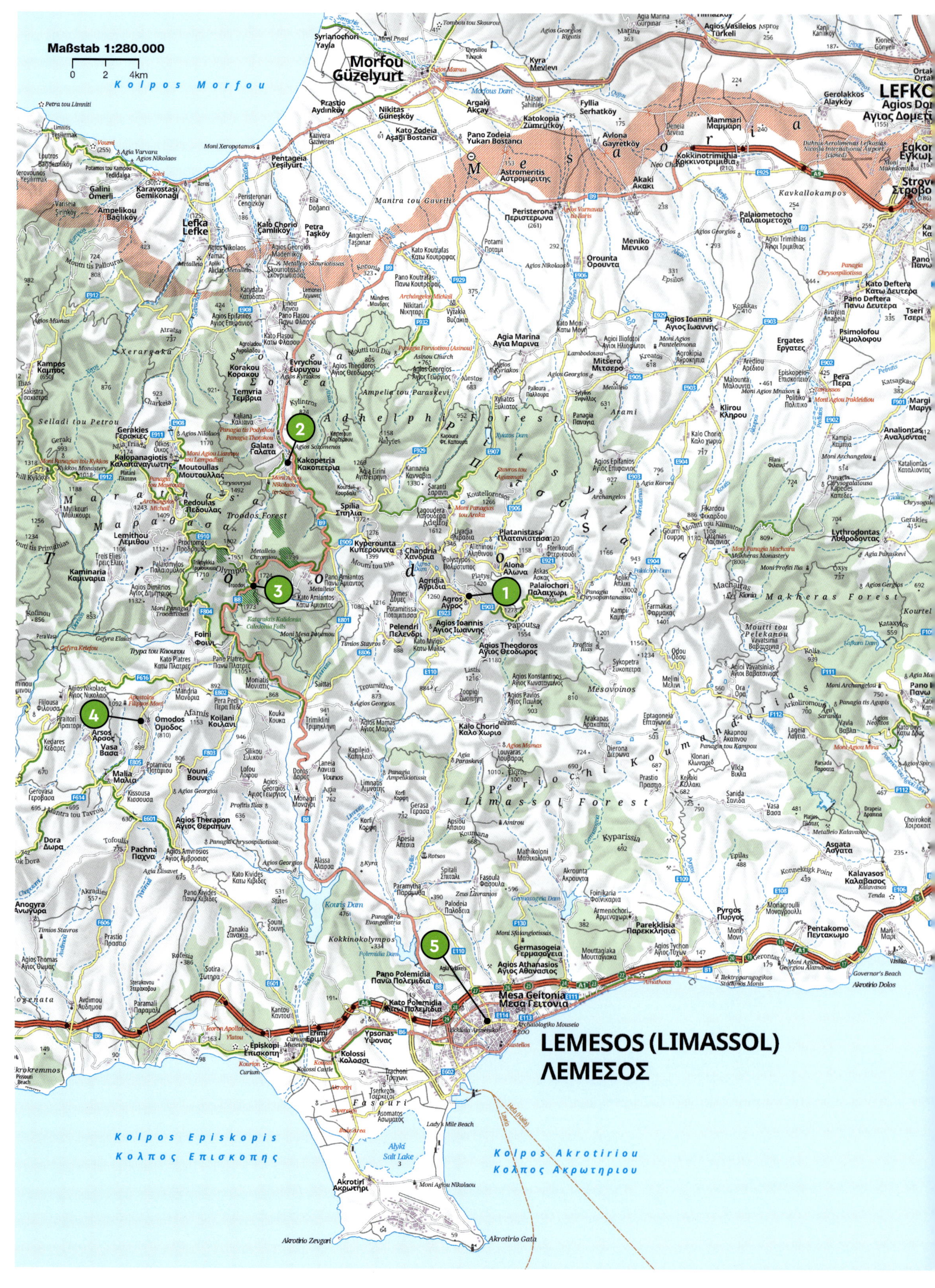

Maßstab 1:280.000
0
2
4km
Kolpos Morfou
Morfou
Güzelyurt
LEFKO
Agios Dometios
Αγιος Δομετι
Lefka
Lefke
Mesaoria
Troodos Forest
Adhelphi Forest
Pitsylia
Marathasa
Solea
Makheras Forest
Limassol Forest
Periochi Koumandaria
Troodos
Kakopetria
Κακοπετρια
Platres
Omodos
Ομοδος
Arsos
Αρσος
Agros
Αγρος
Palaiochori
Παλαιοχωρι
Kouris Dam
Mesa Geitonia
Μεσα Γειτονια
LEMESOS (LIMASSOL)
ΛΕΜΕΣΟΣ
Kolpos Episkopis
Κολπος Επισκοπης
Kolpos Akrotiriou
Κολπος Ακρωτηριου
Alyki
Salt Lake
Akrotiri
Ακρωτηρι
Akrotirio Zevgari
Akrotirio Gata
Lady's Mile Beach
Fasouri
Episkopi
Επισκοπη
Kolossi
Κολοσσι
Erimi
Ερημη
Pano Polemidia
Πανω Πολεμιδια
Kato Polemidia
Κατω Πολεμιδια
1
2
3
4
5

MITTEN INS HERZ

Im Tróodos-Gebirge wartet das Inselzentrum mit kleinen Berg- und Weindörfern, kulinarischen Köstlichkeiten und kunsthistorisch bedeutenden Scheunendachkirchen auf. Bis hinunter ans Meer, nach Limassol, zur zweitgrößten Stadt der Insel und ihren archäologischen Stätten, ist es nur ein Katzensprung.

AGRÓS

Das seit 1790 existierende Bergdorf (800 Einw.) liegt auf 1100 m Höhe zwischen Obst- und Gemüsefeldern. Agrós hat sich weltweit einen Namen als Zentrum für Damaszener-Rosen und kulinarische Spezialitäten gemacht. In der **Rosenfabrik** Chris Tsolakis (Triantafilou 12, Tel. +357 25 52 18 93, www.venus-rose.com), der **Räucherei** Kafkalia (Kyriakou Apeitou 36, Tel. +357 25 52 14 26, https://kafkalia.com) und der Manufaktur für **Süße Leckereien** von Niki Agathokleous (www.nikisweets.com.cy; s. S. 61) freut man sich über Besucher.

Beim Rosenfest in Agrós stehen auch Folkloredarbietungen auf dem Programm.

VERANSTALTUNG

Mitte Mai findet zwei Wochen lang das große **Rosenfestival** statt (s. S. 37).

HOTEL/RESTAURANT

Oberhalb von Agrós ist das **€/€€ Rodon Mount Resort** (Rodou 1, Tel. +357 25 52 12 01, www.rodonhotelcyprus.com) mit wunderbarer Aussicht und leckerem regionalem Essen eine gute Ausgangsbasis für Wanderungen ins Tróodos-Gebirge.

UMGEBUNG

In **Fikárdou** (32 km nordöstl.) erlebt man ein typisches Bergdorf des Tróodos-Gebirges wie in alter Zeit: abgelegen, mit engen Gassen und daher von Modernisierungen verschont. 1978 wurde es unter Denkmalschutz gestellt und restauriert, einige Häuser sind touristisch zugänglich.

Durch die Ausläufer des Tróodos-Gebirges fährt man zum malerisch gelegenen **Machairás-Kloster** (39 km östl.). Der Legende nach steckte ein großes Messer (*machaíri*) neben der Marienikone, die zwei Einsiedler im 12. Jh. in einer nahen Höhle fanden, was zur Gründung des Klosters führte. Auch mussten sich die Einsiedler den Weg zur Höhle mit Messern durchs Gestrüpp bahnen; die Szene ist auf den Mosaiken beiderseits der Kirchentür dargestellt (Kernöffnungszeiten tgl. 8.30 bis 17.00 Uhr). Im Kloster versteckten sich in den 1950er-Jahren EOKA-Freiheitskämpfer vor den Briten, darunter der zyprische Nationalheld **Grigoris Afxentiou** (1928–1957), dessen monumentale Statue etwas weiter talabwärts steht.

INFORMATION

www.agros.org.cy

KAKOPETRIÁ

Der sogenannte „Ort der Balkone" (1200 Einw.) ist für seine denkmalgeschützte Altstadt mit hölzernen Erkern und Balkonen an Naturstein- und Lehmziegelhäusern aus dem 18./19. Jh. bekannt. Das von Kiefernwäldern umgebene Kakopetriá war einst ein Zentrum der Seidenraupenzucht.

SEHENSWERT

Im nördl. anschließenden Galáta sind die Scheunendachkirchen **Panagía tis Podíthou** und **Panagía Theotókos-Archángelos** einen Besuch wert.

HOTEL/RESTAURANT

Das Mühlenhotel **€€ The Mill Hotel** (Milos 8, Tel. +357 22 92 25 36, www.millhotelcyprus.com) erwartet den Übernachtungsgast auch mit Forellenspezialitäten (s. S. 115). In Kalopanagiótis (30 km westl.) ist das **€€€/€€€€ Casale Panayiótis** (Ayias Marinas 14, Kalopanagiótis, Tel. +357 22 95 24 44, www.casalepanayiotis.com) Teil eines Agrotourismusprojekts (s. S. 114).

Das auf 667 m Höhe liegende Kakopetriá ist ein beliebtes Sommerfrischeziel der Zyprer.

Das Bergdorf Fikárdou steht seit 1978 komplett unter Denkmalschutz.

UMGEBUNG

Ágios Nikólaos tis Stégis (5 km südwestl.; Di.–Sa. 9.00–16.00, So. ab 11.00 Uhr) und **Panagía Forviótissa** in Asínou (20 km südl.; Mo.–Sa. 9.00 bis 16.00, So. ab 11.00 Uhr) zählen zu den kunsthistorisch wichtigsten Vertreterinnen der **Scheunendachkirchen**, von denen insgesamt elf an zehn Standorten (in Galáta stehen zwei direkt nebeneinander) als UNESCO-Weltkulturerbe geschützt sind (http://whc.unesco.org/en/list/351).
Im Soléa-Tal bei **Korakou** (7 km nördl.) lässt ein Parfümthemenpark die historische Herstellung von Duftölen aufleben (Eleftherias 14, www.perfumecypark.org).

INFORMATION

www.kakopetria.org.cy

TRÓODOS

Das auf 1750 m Höhe gelegene Örtchen besteht nur aus einigen Restaurants und Verkaufsständen sowie dem Besucherzentrum des Nationalparks, zu dem auch ein kleines Museum gehört. Tróodos ist ganzjährig Ausgangspunkt für Wanderungen und im Jan. bis März zum Skifahren (www.cyprusski.com).

Im **Tróodos-Nationalpark** gibt es mehr als 770 Pflanzenarten. An den Gebirgsflanken reihen sich Obstplantagen und Weingärten, in den Höhenlagen bilden Eichen, Kiefern, Pinien und Zedern dichte Wälder. Das Tróodos-Gebirge nimmt etwa ein Drittel der Inselfläche ein und weist mit dem Olympos (1952 m) den höchsten Berg Zyperns auf. Sein Gipfel ist wegen einer britischen Radarstation militärisches Sperrgebiet.

AKTIVITÄTEN

Der **Artemis-Weg** (7 km) rund um den Olympos ist für Geübte ein leichter Spaziergang. Dass im Tróodos-Gebirge alle großen Flüsse der Insel entspringen, erfährt man auf der anspruchsvolleren **Kaledonia-Route** (3 km), die nördl. vom Dorf Páno Plátres am Bach Kryos Potamos entlang zu den 13 m hohen **Kaledonia-Wasserfällen** verläuft. Direkt am Dorfplatz in Páno Plátres startet eine leichte 1,5-Std.-Wanderung hinab zum **Mylloméri-Wasserfall.**

UMGEBUNG

Ein schöner Abstecher führt in das Dorf **Pródromos** (9 km nordwestl.), zur Ruine des Hotels Berengaria. In dem ehemaligen Grandhotel (1931 bis 1984) machten einst britische Luxustouristen wie Winston Churchill oder der Herzog von Marlborough Urlaub.
Die ursprünglichen Gebäude des **Kýkko-Klosters** (28 km nordwestl.) fielen Bränden und Erdbeben zum Opfer, sodass die heutige Anlage kaum älter als 100 Jahre ist. Besonders prächtig sind die in den 1990er-Jahren entstandenen Mosaike und Fresken sowie die Ikonenwand der Klosterkirche. Wegen seiner wundertätigen Marienikone gilt Kýkko als mächtigstes Kloster des Landes. Erzbischof Makarios III. war hier einst Novize und liegt in einer nahen Kapelle begraben. Es gibt ein Museum mit wertvollen kirchlichen Kleinoden und Handschriften (www.kykkos.org.cy; Juni–Okt. 10.00–18.00, sonst bis 16.00 Uhr), ein Restaurant sowie für Pilger reservierte Übernachtungsplätze.

Vor Limassols Stadtstrand reihen sich Frachter und Containerschiffe am Horizont.

INFORMATION

Tróodos Visitor Centre, 4800 Tróodos,
Tel. +357 25 42 01 44, www.mytroodos.com,
www.troodos-geo.org

Im fruchtbaren, klimatisch begünstigten Soléa-Tal gedeihen nicht nur Raps und Oliven.

ÓMODOS

Etwa 50 Weingüter gibt es im Tróodos-Gebirge. Das pittoreske Ómodos (330 Einw.) hat sich als Weindorf der Insel einen Namen gemacht.

SEHENSWERT

Am Dorfplatz steht die **Klosterkirche des Heiligen Kreuzes** (Timiou Stavrou; Urspr. 4. Jh., im 19. Jh. erneuert), in der ein Splitter des Jesus-Kreuzes aufbewahrt sein soll. In den beiden Weinbauernhäusern **Sokrates-Haus** und **Nikos-Haus** befinden sich Stickereien und altes Mobiliar. Verkauft werden Honig und selbstgebrannter Zivania, typisch zyprischer Tresterschnaps. Im **Linos-Haus** können Weinbaugeräte besichtigt werden.

VERANSTALTUNG

Im Aug. wird ein großes **Weinfest** gefeiert.

HOTEL

Romantisch übernachtet man in vier renovierten historischen Steinhäusern, den **€ Ómodos Village Houses** (Tel. +357 99 33 39 61, https://omodos villagehouses.com).

INFORMATION

www.visitzypern.de/omodos

LIMASSOL

Die zweitgrößte Stadt (235 000 Einw.) der Insel liegt an der Südküste zwischen der Bucht von Akrotíri und der Ausgrabungsstätte der antiken Stadt Koúrion. Limassols wirtschaftlicher Aufschwung war eng mit dem Kreuzzug von Richard Löwenherz ins Heilige Land verbunden, auf dem er 1191 Zypern eroberte. Seit der Inselteilung 1974 entwickelte sich die Stadt mit zahlreichen Offshore-Unternehmen zum wichtigen Finanzzentrum, in dem auch viele Russen ansässig sind. Moderne Hochhausbauten bilden den Kontrast zur herausgeputzten Altstadt mit Kolonialhäusern aus britischer Zeit.

SEHENSWERT

In der **Burg** aus dem 12.–14. Jh., heute ein Mittelaltermuseum (Alter Hafen; Mo.–Sa. 9.00–17.00, So. 10.00–13.00 Uhr), soll Richard Löwenherz 1191 mit Berengaria von Navarra Hochzeit gefeiert haben. Echte Limassol-Atmosphäre erfährt man in der Fußgängerzone der **Agiou-Andreou-Straße**. Dort gilt das **Pilavakis-Herrenhaus** (1934), heute Stadt- und Universitätsbibliothek, als architektonisches Juwel mit im Palazzo-Stil (www.limassol.org.cy/en/library; Mo.–Fr. 8.00–18.00 Uhr). Die kleine **Kathedrale Ayia Nápa**, ein Wahrzeichen der Stadt, ist wegen ihrer erst 1906 entstandenen Ikonen und Fresken sehenswert.

MUSEEN

Im **Volkskundemuseum** in einem historischen Stadthaus (Agiou Andreou 253; Mo.–Fr. 8.30 bis 15.00 Uhr) sind Nationaltrachten, Gobelins und Spitzen aus dem 19. und frühen 20. Jh. ausgestellt. Exponate von archäologischen Stätten im Bezirk Limassol, von der Jungsteinzeit bis zur römischen Epoche, gibt es im **Archäologischen Museum** zu sehen (Ecke Lordou Vyronos/Anastasi Sioukri; Mo.–Fr. 8.00–16.00 Uhr).

VERANSTALTUNGEN

Karneval feiert Limassol im Feb./März (s. S. 36). Beim **Weinfest** in den Municipal Gardens Anf. Sept. ist auch das traditionelle Traubenstampfen mit den Füßen zu sehen.

AKTIVITÄTEN

Der weitläufige **Lady's Mile Beach** (14 km südl.) hat seinen Namen von der Stute eines britischen Gouverneurs; es gibt Dusch- und Umkleidekabinen, Sonnenliegen und -schirme. Der **Governor's Beach** (26 km östl.) wartet mit weißen Klippen auf.

RESTAURANT

Im Komplex einer ehemaligen Johannisbrotmühle gibt es unter dem Verbund der Carob-

DAS VERSUNKENE DORF

„Das ist ja wie daheim am Reschensee", wundert sich eine Südtirolerin am Koúris-Stausee (12 km nordwestl. von Limassol), wo der Glockenturm einer Kirche einsam aus dem Wasser ragt. Auch auf Zypern wurde ein Dorf wegen eines großen Staudammprojekts geflutet: Alassa, dessen Bewohner 1989 umgesiedelt wurden. Bei niedrigem Wasserstand erinnert der Turm von Ágios Nikólaos an das ursprüngliche Dorf.

Mill-Restaurants acht Lokale und Café-Bars. Wände aus Weinflaschen und eine Terrasse mit Blick auf die mittelalterliche Burg hat die Taverne **€€/€€€ Karatello** (Vasilissis Street, Tel. +357 25 82 04 64, https://carobmill-restaurants.com), in der schmackhafte Mezé-Gerichte bekommt.

HOTELS

Das **€€€€ Parklane** (Giannou Kranidioti 11, Tel. +357 25 86 20 00, www.parklanecyprus.com), ein weitläufiges Strandresort mit 222 Zi., 34 Suiten und 18 Villas, hat eine große Gartenpoollandschaft und Thalasso-Anwendungen zu bieten. Stickereien, Spitzen und antike Amphoren finden sich in moderner zyprischer Interpretation in den Räumen wieder. Dinieren kann man in privaten Outdoor-Cabanas.

Das Gebäude des Boutiquehotels **€€/€€€ Sir Paul** (Ifigeneias 5, Tel. +357 25 75 54 54, https://sirpaulhotel.com) mit schönem Arkadeninnenhof in der Altstadt stammt aus dem 18. Jh. und steht unter Denkmalschutz. Die 22 Zi. sind im minimalistisch-modernen Stil eingerichtet.

Im **€€€/€€€€ Euphoria Art Land** (Vasilikon 76, Limassol-Pyrgos, Tel. +357 97 74 30 42, http://euphoria-art-land-the-blue-house.cyprushotel.net) wohnt man im Antoni-Gaudí-Stil (s. S. 114).

UMGEBUNG

Beim „Katzenkloster" **Ágios Nikólaos ton Gatón** aus dem 4. Jh. (17 km südl.; tgl. 7.00–12.00, 14.00 bis 17.00 Uhr) soll die hl. Helena Tausende Katzen gegen eine Schlangenplage ausgesetzt haben; bis heute sind die – auch sonst auf der Insel weit verbreiteten – Haustiere den Nonnen zahlenmäßig deutlich überlegen. Die 1210 erbaute, 1454 erneuerte Johanniterburg **Kolóssi** (15 km südwestl.) ist eine der bedeutendsten Festungsanlagen. Die Burg mit gutem Ausblick auf die Umgebung war Kommandantur der Ordensritter und eng mit der Commandaria-Weinherstellung verbunden. Das Zyprische Weinmuseum in **Erimi** (13 km westl.) informiert über den Weinherstellungsprozess (Páfos Street 42, www.cypruswinemuseum.com; tgl. 10.00–17.00 Uhr). Das spektakulär über dem Meer gelegene **Koúrion** (18 km südwestl.), eines der wichtigsten Stadtkönigreiche des antiken Zyperns, wurde 365 n. Chr. durch ein schweres Erdbeben zerstört. Herzstück ist das griechisch-römische Amphitheater, das – im 2. Jh. v. Chr. erbaut, im 2. Jh. n. Chr. erweitert und mittlerweile restauriert – im Sommer als Veranstaltungsort für Open-Air-Konzerte und Theateraufführungen dient. Neben eindrucksvollen Relikten einer öffentlichen Badeanstalt sind wertvolle Mosaikböden zu sehen (Mitte April bis Mitte Sept. tgl. 8.30–19.30, sonst bis 17.00 Uhr). Die meisten Tempelreste des **Apollon-Hylates-Heiligtums** (19 km südwestl.; Öffnungszeiten wie Koúrion) sind Restaurierungen des 1. Jh. n. Chr.

Auf einem Hügel bei der **Akropolis von Amathoús** (12 km östl.) sind spärliche Reste eines Aphrodite-Tempels (ca. 8. Jh. v. Chr.; Öffnungszeiten wie Koúrion) und monumentale Steingefäße vermutlich aus archaischer Epoche freigelegt; eines der Originale befindet sich im Pariser Louvre und wurde vor Ort durch eine Replik ersetzt. Die archäologische Ausgrabungsstätte **Choirokoitía** (36 km nordöstl.; Öffnungszeiten wie Koúrion) ist eine gut erhaltene, zum UNESCO-Weltkulturerbe gehörende Siedlung aus der Jungsteinzeit.

INFORMATION

Limassol Tourismus,
Alter Hafen, Syntagmatos Square,
3603 Limassol, Tel. +357 25 36 27 56,
www.limassoltourism.com

SCHLEMMEN WIE DIE GÖTTER

Aus der Not eine Tugend zu machen, das hat Niki Agathokleous schon früh von ihrer Mutter gelernt. Ihr Dorf Agrós liegt terrassenförmig wie ein Amphitheater zwischen den Bergen des Tróodos-Gebirges. Neben den weltbekannten Damaszener-Rosen wachsen hier auch Mandeln, Aprikosen, Kirschen, Walnüsse, Weintrauben oder Johannisbrot.

Schon in Nikis Kindertagen wurden die regionalen Früchte und Gemüse, die man nicht gleich aufbrauchte, eingekocht oder in Sirup konserviert. So konnte sich die Familie das ganze Jahr über von dem ernähren, was sie selbst anbaute. Um im abgelegenen Agrós weiter überleben zu können, schlossen sich die Dörfler 1976 zu einer Kooperative zusammen. „Einkochen nach Mamas Rezepten, das war alles, was ich damals konnte", erzählt Niki.

Soutzoukos aus Mandeln und Traubensirup gibt es in vielerlei Variationen.

Heute sind ihre Fruchtsüßigkeiten nach traditionellen Rezepten Verkaufsschlager, die bis nach England, Amerika und Australien exportiert werden. Das sichert mittlerweile auch anderen Frauen einen festen Arbeitsplatz in der Heimat. Besucher können gern zusehen, wie die traditionellen Soutzoukos hergestellt werden. Dafür tunken die Frauen zu Ketten aufgefädelte Mandeln einige Male in eingedickten Traubensaft. Getrocknet entstehen so leckere Bonbons, die mehrere Monate haltbar sind.

Anfahrt: Von Limassol bewältigt man die Bergstrecke ins nördl. gelegene Agrós am besten über die B 8 und die E 806 (45 km Strecke).

Adresse: Niki Agathokleous, Triantafilou 5, 4860 Agrós, Tel. +357 25 52 14 00, www.nikisweets.com.cy

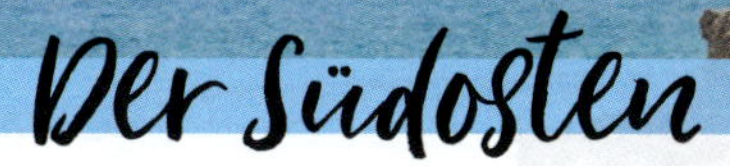

PARTY, PALMEN, MYSTERIENSPIEL

Das mediterrane Badeparadies im Süden lockt mit Sonne, Strand und langen, lauten Nächten Junge und Junggebliebene in Feierlaune auf die Insel. Doch zwischen Bars und Clubs, Sandstrand und Felsküste behauptet sich auch jahrhundertealte Kultur.

Nichts für Hasenfüße, aber auch nichts für Leichtsinnige: Der Sprung von den rund zehn Meter hohen Klippen am Kap Gréko ins kristallklare Wasser ist nur Könnern zu empfehlen.

Bade- und Strandvergnügen in jeglicher Form ist in und um Ayia Nápa garantiert. Dabei muss es nicht immer Sand sein. Am Kap Gréko laden bizarre Felsen zum Schwimmen ein.

Bis in die Morgenstunden feiern, den Vormittag verschlafen und nachmittags am Nissi Beach das Meer genießen – für viele Urlauber in Ayia Nápa ist das der ideale Tagesablauf.

Der Hafen von Ayia Nápa ist der östlichste Hafen der EU. Hier legen auch kleine Kreuzfahrtschiffe an ...

... und Ausflugsboote, die auf ihren Touren um das Kap Gréko auch Badestopps einlegen.

SPAZIERGANG BEI DEN FISCHEN

Im glasklaren Meer lassen sich beim Tauchen oder Unterwasserspaziergang an der Südostküste gesunkene Wracks, antikisierte Statuen und vielerlei Meeresbewohner entdecken.

Die mannshohe Schiffsschraube in 43 Meter Tiefe gehört zur Zenobia, einer Fähre, die 1980 vor Lárnaka sank, mit mehr als hundert Lkw an Bord. Menschen kamen damals zum Glück nicht zu Schaden. Heute ist die Zenobia das größte betauchbare Wrack im Mittelmeer und fraglos der beste Tauchplatz auf Zypern – allerdings auch der meistbesuchte. In nur acht Meter Tiefe können auch Tauchanfänger in der Green Bay bei Protarás zwischen antikisierten Statuen schwimmen, als hätten sie das versunkene Atlantis entdeckt. Und für einen Spaziergang am Meeresgrund muss man nicht mal tauchen können. Mit Tauchanzug, Bleigürtel und Helm, der permanent mit Frischluft versorgt wird, bewegt man sich trockenen Hauptes in etwa drei Meter Tiefe, Auge in Auge mit den Fischen.

Ayia Nápa, elf Uhr morgens: Die Sonne knallt gnadenlos auf eingeölte Körper, die auf aneinandergereihten Sonnenliegen ruhen – moderne Venus-Versionen in knappen Bikinis genauso wie Rugby-Typen in neonbunten Badeshorts. Der Duft von Sonnenöl liegt in der Luft. In der Mittagshitze beginnen die Silhouetten bald im Gegenlicht zu flirren, und bevor die ersten Halluzinationen einsetzen, heißt es für Dauersonnenanbeter auf Zehenspitzen über den glühenden Sand zu staksen, um in der Brandung unterzutauchen und den Kopf zu kühlen. „Wie neu geboren", jauchzt eine braun gebrannte Schönheit mit hochgebundenem Dutt, während sie erfrischt dem Meer entsteigt. Die meisten Strandgänger dösen jedoch lieber unterm Sonnenschirm, schließlich enden Partys in Ayia Nápa oft nicht vor acht Uhr morgens. Klar, dass man da erst ein Mittagschläfchen braucht, bevor man sich am Nachmittag vergnügt kreischend am Gleitschirm hinter einem Boot herziehen lässt. Oder auf eines der musikbeschallten Schiffe steigt, um einen Badeausflug an die schwer zugängliche Steilküste zu machen, zu den Meereshöhlen am Kap Gréko zum Beispiel.

BRITISCHE PARTYPIONIERE

Wenn die letzten Clubs geschlossen haben, ist Chillen am Strand angesagt, etwa am legendären Nissi Beach, zwei Kilometer westlich vom Stadtzentrum. Der Sand ist hell und fein, das kristallklare Wasser leuchtet in Blau- und Türkistönen. Dem Strand ist eine kleine Insel vorgelagert, zu der man hinüberschwimmen kann; bei Ebbe gelangt man über einen

In der Hochsaison herrscht in Ayia Nápa rund um die Uhr Betrieb. Die Clubszene ...

... ist in ganz Europa bekannt und lockt vor allem junge Besucher in das ehemalige Fischerdorf.

schmalen Sandstreifen auch trockenen Fußes hin. Spätestens dann herrscht Selfie-Alarm. Gladys und Kent posieren vor der filmreifen Strandkulisse. Die beiden stammen aus Wales und sind hier Stammgäste. So wie viele Briten, seit vor einigen Jahren englische DJs in Ayia Nápa auftauchten, um hier einen neuen hippen Partyort zu erfinden. Bald gesellten sich zu den Briten auch große Gruppen feierlustiger Schweden und Russen. Den passenden Spruch dazu gibt's auf dem Tattoo an Kents Unterarm zu

AYIA NÁPA HAT SICH AN DIE SPITZE DER TRUBELIGSTEN PARTYORTE EUROPAS KATAPULTIERT.

lesen: „Go wild". Denn bereits ab Mittag beginnt das Vorglühen für den nächsten Abend, die DJs sorgen wieder für Stimmung, und auf den Terrassen der Strandbars, zwischen den Liegen oder gar im Wasser fangen die Ersten an zu tanzen. In der Hochsaison wird hier rund um die Uhr Spaß geboten.

„YABBA NÁPA DOO!"

Ibiza? Mallorca? Weit gefehlt! Ayia Nápa heißt die Ausgehmeile, die sich mittlerweile an die Spitze der trubeligsten Partyorte Europas katapultiert hat. Auf dem sogenannten Nápa Stripe reiht sich ein Lokal ans andere, aufgemotzt zum Westernsaloon oder antiken Tempel, zur Ritterburg oder Steinzeithöhle. Inspiriert durch die Zeichentrickserie „Familie Feuerstein" tragen Barkeeper in den Pappmascheekulissen des Bedrock Inn Leopardenkostüme und wandeln Fred Feuersteins legendären Freudenschrei schon mal zu einem „Yabba Nápa Doo!" ab. In manchem Tanztempel des einstigen Fischerdorfs finden problemlos tausend Leute und mehr Platz. Wie im Castle Club mit gleich fünf verschiedenen Arenen, in denen Commercial Dance, RnB, Hip-Hop, House, Techno oder Trance gespielt werden; für jeden Geschmack ist etwas dabei. Schaum- und UV-Paint-Partys dagegen sind das Markenzeichen des Club Ice, wo man Spaßwütige regelmäßig durch Schaumberge robben oder in fluoreszierender Körperbemalung aus Neonfarben tanzen sieht.

Die Kuppelkirche Ágios Lázaros in Lárnaka geht auf das 10. Jahrhundert zurück. Der Turm wurde erst im 19. Jahrhundert angebaut.

Die Reliquien des Lazarus, die von Kreuzfahrern nach Marseille gebracht wurden, befinden sich heute in der Kathedrale von Autun. Dennoch wird der Heilige in Lárnaka verehrt.

Im Hinterland, bei Léfkara, stehen auf der Golden Donkeys Farm 170 Esel im Mittelpunkt.

Das hübsche Bergdorf Léfkara lohnt einen Abstecher – nicht nur wegen der traditionellen Hohlsaumstickereien.

Um ordentlich Stimmung zu machen, muss man nicht mal zwingend in einen Club hinein, denn bereits draußen auf der Straße ist so viel los, dass man sich von der Musik und den Menschenmassen treiben lassen kann. „I spent 90 % of my money on women and drink. The rest I wasted", hat sich ein Brite, der mit seinen Clubfreunden draußen um die Wette grölt, auf sein Motto-T-Shirt drucken lassen. Ursprünglich stammt der vollmundige Spruch von George Best, der einstigen Fußballlegende von Manchester United. Vermutlich hat dem T-Shirt-Träger keiner gesagt, dass der arme George mit diesem Lebensmotto nur 59 Jahre alt wurde.

An die Zeit, in der Clubs noch Discos hießen, erinnern sich nur ältere Semester, doch auch für sie ist in Ayia Nápa gesorgt. In der Carwash Disco werden Hits aus den 1970er-, 80er- und 90er-Jahren gespielt. „Wake me up before you go-go" von George Michael zum Beispiel, der eigentlich Georgios Kyriákos Panagiótou hieß, denn sein Vater stammte aus Zypern. Jemanden aufzuwecken, bevor man heimgeht, ist keine schlechte Idee für einen Rausschmeißer-Song. Auch wenn hartnäckige Nachtschwärmer wie Gladys und Kent meinen, schlafen könne man noch genug, wenn man tot ist.

PARTYPAUSE

Wie von den Toten auferstanden sehen viele dann auch aus, die am frühen Morgen durch die Gassen streifen. Unweigerlich fühlt man sich da an Lazarus erinnert, um den sich hier in der Welt der Einheimischen fast alles dreht. In Lárnaka haben sie dem Heiligen eine wunderschöne Kirche gewidmet, denn Lazarus soll nach seiner Auferweckung durch Jesus nach Zypern gekommen und in Lárnaka Bischof geworden sein. Noch um 1900 stellte man die Auferweckung des Heiligen hier in einem von ausschweifenden Festen begleiteten, skurrilen Mysterienspiel nach.

Die Originalgebeine des Heiligen befinden sich längst nicht mehr auf Zypern, doch einer wundersamen Fügung ist es zu verdanken, dass man bei Restaurierungsarbeiten in der Lazarus-Kirche noch ein paar Schädelknochen fand. Die darauf folgende Verehrung hätte Lazarus selbst wohl kalt gelassen. Der von den Toten Auferstandene soll in seinem zweiten Leben nie mehr gelacht haben, schließlich hatte er ja ins Jenseits geblickt und seitdem am irdischen Leben keine Freude mehr. Was er im Jenseits gesehen hat? Dazu schweigt die Überlieferung, weshalb mit der Legende der Auferweckung bald auch die des Fluches in die Welt kam. Wer Lazarus zu lange in die leeren Augen blicke, so heißt es, verliere ebenfalls die Freude am Leben. „Durch die schwarzen Kreise seiner Pupillen sah wie durch dunkle Gläser das unfassbare Jenseits die Menschen an", schrieb um 1900 der russische Schriftsteller Leonid Andrejew. In Lárnaka hat sich deshalb der Brauch gehalten, mit Kindern nicht zum Lazarus-Grab zu gehen und in seiner Kirche keine Hochzeiten zu feiern. Bei allem Aberglauben überwiegt für viele jedoch die Faszination. So sieht man Einheimische zuhauf die Lazarus-Ikone küssen oder kleine Bildchen mit sich führen, mit denen sie den Reliquienschrein berühren, als wäre er ein Hoffnungsschimmer aus einer besseren Welt, irgendwo weit weg von hier.

Atempause in guter Bergluft – in Páno Léfkara (590 m ü. M.) wie auch im etwas tiefer gelegenen Káto Léfkara.

Wer am Vormittag nach Léfkara kommt, gerät nicht ins Gedränge der Bustouristen von der Küste.

Die Dörfer Tóchni und Kalavasós haben sich dem Agrotourismus verschrieben – hier Stratos Art Deco House in Kalavasós.

Gemeinsam für Zypern

DIE FRIEDENSSTIFTER

Nach fast drei Jahrzehnten strikter Trennung wurde die Grenze zwischen Nord- und Südzypern 2003 an ein paar Stellen durchlässig. Für eine langsame Wiederannäherung der Volksgruppen braucht es nun vor allem Menschen, die an eine gemeinsame Zukunft glauben.

Blick von Deryneia auf das türkisch besetzte Varósia

Der Streit um die korrekte Zypern-Deutung beginnt schon bei der Inselform. Die Griechen behaupten, optisch könne man in den Umrissen deutlich eine auf die Türkei gerichtete Pistole erkennen. Die Türken kontern, es sei doch wohl eher eine Bratpfanne, für den Schlag auf griechische Sturköpfe. Und in der Tat braucht es nicht lange, um zu verstehen, dass alte Feindbilder noch immer in vielen Köpfen festsitzen und Zypern nach fünfzig Jahren Teilung von einer Wiedervereinigung weit entfernt scheint.

Umso wichtiger sind Menschen, die versuchen, zwischen Zyperngriechen und Zyperntürken Brücken zu bauen. Menschen wie der türkischstämmige Serdar Atai. Er hat an einem Grenzöffnungsprojekt der UN mitgearbeitet und lebt in Famagusta, das heute zum türkisch besetzten Teil Zyperns gehört. Als dort im November 2018 bei Deryneia zum ersten Mal die Grenze aufging, lagen sich plötzlich Menschen in den Armen, die sich zuletzt als Kinder gesehen hatten. „Wie in einer Zeitmaschine waren aus jungen Burschen alte Männer mit weißen Bärten geworden“, sagt Serdar Atai, der überzeugt ist, dass man vor allem die gemeinsamen guten Erinnerungen der Volksgruppen stärken müsse. Denn je mehr Traditionen vergessen würden, desto weniger Anknüpfungspunkte gebe es bei den Jüngeren, für die das geteilte Land schon seit ihrer Geburt Fakt ist.

SEHNSUCHT NACH NORMALITÄT

Als Mitbegründer des Vereins Masder, der sich um den Erhalt historischer Bauwerke kümmert, organisiert Atai auch grenzübergreifende Projekte zwischen kleineren Kommunen. Doch was im kleinen Stil bereits möglich ist, funktioniert auf der großen politischen Bühne noch lange nicht. Bis vor der Teilung 1974 war Famagusta die Hochburg des Zypern-Tourismus. Die mehr als drei Kilometer lange Stadtmauer aus venezianischer Zeit ist bestens erhalten, genau wie die einstige St.-Nikolaus-Kathedrale, die 1571 nach der Eroberung durch die Osmanen zur Moschee umgewidmet und 1954 nach dem osmanischen Feldherrn Lala Kara Mustafa Pascha benannt wurde. „Für Famagustas Altstadt müsste längst Welterbestatus bei der UNESCO beantragt werden. Aber weil wir kein international anerkannter Staat sind, geht das nicht ohne Hilfe des Südens, der daran bislang kein Interesse zeigt“, beklagt Atai die missliche Situation.

Die in Limassol geborene Schriftstellerin Nora Nadjarian entwirft in ihren Geschichten die Vision eines vereinten Zyperns.

Serdar Atai kümmert sich mit dem Verein Masder um den Erhalt historischer Bauwerke in Famagusta.

»KÖNNTEN ALLEIN DIE ZYPRER ÜBER DIE ZUKUNFT IHRER INSEL BESTIMMEN, WÄRE MAN SICH LÄNGST EINIG.«

Filmemacher Panicos Chrysanthou

Wie soll man da einen gemeinsamen Nenner für die ganze Insel finden?

„Über die Menschlichkeit“, meint Filmemacher Panicos Chrysanthou, der in seinem Spielfilm „Akámas“ die Geschichte einer wahren Begebenheit erzählt: die schwierige Liebe eines Türken und einer Griechin, die sich durch nichts und niemanden trennen ließen, auch durch den Tod nicht (s. S. 32). Schon 1993 betrachtete der griechische Filmemacher gemeinsam mit seinem türkischen Co-Autor Niyazi Kizilyürek im Dokumentarfilm „Unsere Mauer“ die Geschichte und Gegenwart ihrer geteilten Heimat. Sie ließen dabei Zeitzeugen auf beiden Seiten der Insel zu Wort kommen, die sich über sprachliche, religiöse und politische Grenzen hinweg einfach nur nach Normalität sehnen. „Könnten allein die Zyprer über die Zukunft ihrer Insel bestimmen, wäre man sich längst einig. Doch die Zyperntürken sind durch nachträglich von der Regierung in Ankara angesiedelte Festlandtürken inzwischen nur noch eine Minderheit im eigenen Land“, erklärt Chrysanthou. Immerhin ist seinem Kollegen Niyazi Kizilyürek 2019 die Sensation geglückt, als erster türkischstämmiger Zyprer für eine Partei aus dem griechischen Teil ins Europaparlament einzuziehen.

Junge Zyprer – hier in einem Café in Nikosia, unmittelbar an der mit Sandsäcken abgeriegelten Pufferzone – kennen ihr Land nur geteilt.

UNGEKLÄRTE SCHICKSALE

Wer Licht in die dunkle Vergangenheit der Insel bringen will, kommt an Sevgül Uludağ nicht vorbei. Die türkisch-zyprische Investigativjournalistin ist maßgeblich an der Suche nach 2000 Zyprern beteiligt, die seit den Bürgerkriegen in den 1960er- und 1970er-Jahren als vermisst gelten. Heimlich wurden viele von ihnen verscharrt, unter Autobahnen, in Brunnen oder auf Feldern in Massengräbern. Über die Jahre wird es immer schwieriger, sie zu finden, weil auch mehr und mehr Täter nicht mehr am Leben sind. Doch die Familien der Opfer wollen Gewissheit haben, wenn schon nicht Gerechtigkeit.

Sevgül Uludağ, die für Zeitungen beider Inselteile schreibt und ehrenamtlich sowohl türkische wie auch griechische Angehörige bei der Vermisstensuche unterstützt, musste für ihre mutige Haltung schlimmste Verleumdungen und Drohungen ertragen. Nicht jeder verstand ihr Engagement als Beitrag zur Aussöhnung und vielleicht einzigen Weg in eine friedliche Zukunft Zyperns. Lange beklagten Griechen wie Türken ausschließlich ihre jeweils eigenen Opfer und Schmerzen. Doch inzwischen gibt es eine gemeinsame Vermisstenkommission, das Committee on Missing Persons (CMP), unter Schirmherrschaft der Vereinten Nationen.

SYMBOL DER EINHEIT

Die inneren Verletzungen, die Zyperns äußere Grenze hinterlässt, sind Thema der poetischen Texte der armenisch-zypriotischen Schriftstellerin Nora Nadjarian. Die Gedichte der 1966 in Limassol geborenen, heute in Nikosia lebenden Autorin kreisen um alltägliche Episoden, die so zerbrechlich erscheinen wie ein Schmetterling im Sturm. Nach der prominentesten Straße Nikosias, der Ledra Street, sind 35 ihrer bekanntesten Kurzgeschichten benannt. Vom Symbol der Teilung ist die Straße heute zum Symbol der Einheit geworden, selbst wenn der Grenzübergang dort hauptsächlich von Besuchern der Stadt genutzt wird. „Die Touristen liebten den merkwürdigen Akt, ihre Pässe vorzuzeigen und dann die Grenze zu passieren. (...) Erinnerst du dich, sagten sie oft noch Jahre später, an diese lustige kleine Insel, auf der wir mal Urlaub machten? Die, wo man immer seinen Pass vorzeigen musste? Die mit den schönen Stränden, den gastfreundlichen Leuten und der sengenden Sonne? Ja, die ist jetzt vereinigt“, schrieb die Autorin bereits 2006. Denn wo die Kraft der Poesie endet, vermittelt Nora Nadjarian immer auch eine Vorstellung von dem, was vielleicht sein könnte.

An der Ledra Street in Nikosia wurde 2008 ein Grenzübergang für Fußgänger geöffnet. Die Skulptur „Resolution" des zyprischen Künstlers Theodoulos Gregoriou zitiert aus der Menschenrechtserklärung der Vereinten Nationen.

LEFKOSA
Agios Dometios
Αγιος Δομετιος
LEFKOSIA (NICOSIA)
ΛΕΥΚΩΣΙΑ
Strovolos
Στροβολος
Egkomi
Εγκωμη
Trachonas
Kızılay
Mesaoria
Athienou
Αθιενου
Dali
Δαλι
Lysi
Akdoğan
Vatili
Vadili
Ammochostos
Gazimağusa
(Famagusta)
Kolpos Ammochostou
Deryneia
Δερυνεια
Paralimni
Παραλιμνι
Agia Napa
Αγια Ναπα
Kolpos Lárnakas
Κολπος Λάρνακας
LARNAKA
ΛΑΡΝΑΚΑ
Aradippou
Αραδιππου
Larnaca International Airport
Pano Lefkara
Πανω Λευκαρα
Kalavasos
Καλαβασος
Tochni
Τοχνη
Kiti
Κιτι
1
2
3
4
Maßstab 1:280.000
0
2
4km

DIE STIMMUNGSMACHER

Im Südosten, wo die Bilderbuchstrände Zyperns liegen, musste nach der türkischen Besetzung ein Ersatz für die einstige Touristenhochburg Famagusta geschaffen werden. Von Lárnaka bis Ayia Nápa trifft sich seither vor allem das Partyvolk, während das Hinterland mit ruhigen Bergdörfern aufwartet.

1 AYIA NÁPA

Das Fischerdorf von einst hat sich längst in eine Partymetropole verwandelt. Aus ehemaligen Wohnhäusern wurden Geschäfte, Restaurants, Bars und Clubs. Die Zahl der Gästebetten ist fast zehnmal so hoch wie die der Einwohner (4700).

SEHENSWERT

Das in der Ortsmitte in Form eines Kastells teilweise in den Felsen gehauene **Kloster Ayia Nápa** (tgl. 9.00–21.00, Winter bis 15.00 Uhr) wurde 1530 gegründet, nachdem der Legende nach in einer Waldhöhle eine Marienikone gefunden worden war (Ayia Nápa bedeutet „Heilige Mutter vom Walde"). Der Baustil unter venezianischer Herrschaft entsprach der sogenannten Kreuzfahrergotik, wonach der Innenhof von spitzbogigen Arkaden umgeben ist. In der Mitte des Klosterhofs überwölbt eine Kuppel den Brunnen. Vor dem Kloster steht noch ein jahrhundertealter Maulbeerfeigenbaum aus den Anfangsjahren.

Fast 500 Jahre alt ist das Kloster Ayia Nápa, da sind ständig Instandhaltungsarbeiten nötig.

Am östlichen Stadtrand wurde 2014 ein **Skulpturenpark** angelegt, der Jahr für Jahr mit Arbeiten aus dem Internationalen Skulpturen-Symposium Ayia Nápa erweitert wird. Mit Blick auf das Meer können hier mittlerweile die Werke von mehr als hundert Künstlern aus aller Welt besichtigt werden (frei zugänglich).

MUSEUM

Im **Thalassa-Museum** (Kryou Nerou 14, www.thalassamuseum.org.cy; Di.–Sa. 9.00–17.00, Mo. bis 13.00, Juni–Sept. auch So. 15.00–19.00 Uhr) lässt sich das maritime Erbe Zyperns von der prähistorischen Zeit bis heute erleben, darunter auch der Nachbau eines griechischen Handelsschiffs, das um 300 v. Chr. vor Kyrénia sank.

AKTIVITÄTEN

Die nächtliche **Ausgehmeile** beginnt am zentralen Platz „The Square", wo sich der größte Club Zyperns befindet, der **Castle Club** im Stil einer mittelalterlichen Burg, mit Bühnen für verschiedenste Musikstile (Louka Louka 20–22, www.thecastleclub.com). **Club Ice** ist bekannt für seine Schaum- und UV-Paint-Partys (Louka Louka 14, https://napasound.com/club-ice), das **Bedrock Inn** (Ippocratous 2, www.bedrockinn.com) für seine Einrichtung im Stil der Fred-Feuerstein-Serie und die **Carwash-Disco** für Musik aus den 1970ern bis 1990ern (Ayias Marvis 24).

Nissi Beach (2 km westl.) gilt als einer der schönsten Strände der Insel (s. S. 23). Auf Tauchstation gehen kann man bei Protarás, in der **Green Bay** (9 km östl.) mit ihrem Unterwasser-Statuenpark, oder bei einem Unterwasserspaziergang in der **Trinity Bay** (13 km nordöstl.; Trinity Beach, Tel. +357 99 56 35 06, Undersea Adventures). Oder man bucht bei einem der vielen lokalen Anbieter einen **Boots- oder Segelausflug** entlang der Felsenküste, der einen bis vor den Deryneia Beach bringt, wo man einen Blick auf die Geisterstadt Varósia bei Famagusta im türkisch besetzten Inselteil hat.

VERANSTALTUNGEN

Für ihr **Street-Art-Festival** stellt die Gemeinde immer wieder regelmäßig internationalen Graffiti-Künstlern verlassene Gebäude und Außenbereiche zur Verfügung. Beim **Ayia Napa International Festival** kommen Ende Sept. traditionelle Musik, Theater und Volkstanz auf die Bühne.

Bildhauerkunst vor Meereskulisse: der Skulpturenpark in Ayia Nápa

RESTAURANT

Direkt am Hafen, mit Blick auf malerische Fischerboote, ist **€€ Vassos Fish Tavern** (Archebishop Makarios III Street 51, Tel. +357 23 72 18 84) eine der ältesten Tavernen im Ort, aber hypermodern eingerichtet. Die Auswahl an leckeren Fischgerichten ist beachtlich.

Auch an der Ostküste des Kap Gréko findet sich eine Felsbrücke: Kamára tou Koráka.

HOTEL

Das Strandhotel **€€€ Nissi Beach Resort** (Tel. +357 23 72 10 21, https://nissi-beach.com) mit üppigem Garten, 270 Zi. und Bungalows verdankt seinen Namen der kleinen Insel (griech. *nissi*), die der Bucht im kristallklaren türkisblauen Meer vorgelagert ist.

UMGEBUNG

Das Felsentor des auch Love Bridge genannten **Monachus Monachus Arch** (3 km südöstl.) liegt am Weg zum **Kap-Gréko-Naturpark** (8 km südöstl.), einem beliebten Ausflugsziel mit Aussichtspunkt. An der Südküste des Kaps locken die karstigen Höhlen der **Sea Caves**, die am einfachsten mit dem Ausflugsboot zu erreichen sind, an der Ostküste die Felsenbrücke **Kamára tou Koráka** und die pittoresk am Meer gelegene **Kapelle Agíoi Anárgyroi**. Schöne Strände finden sich nördl. davon, in der windgeschützten, weil von Felsklippen umgebenen **Kónnos Bay** oder in der feinsandigen **Fig Tree Bay** bei Protarás.

INFORMATION

Ayia Napa Tourismus
Leoforos Kryou Nerou 12, 5330 Ayia Nápa,
Tel. +357 23 72 17 96, www.agianapa.org.cy

LÁRNAKA

Viele kennen Lárnaka (5200 Einw.) nur vom internationalen Flughafen, der nach der türkischen Invasion 1974 den von Nikosia ersetzte. Doch die heute drittgrößte Stadt der Insel ist nicht zu unterschätzen. Errichtet auf den Ruinen des antiken Kítion – Baureste reichen bis ins 12. Jh. v. Chr. zurück –, ist sie die am längsten bewohnte Stadt Zyperns. Kirchen und Museen sowie die renovierte Altstadt mit dem alten Türkenviertel oder die palmengesäumte Uferpromenade mit ihren Cafés und Tavernen sind einen Besuch wert.

SEHENSWERT

Die byzantinische Kirche **Ágios Lázaros** wurde im 10. Jh. über dem Grab des hl. Lazarus errichtet, der nach seiner Auferweckung durch Jesus als Bischof nach Kítion gekommen war. Von Osmanen zerstört, wurde die Kirche im 17. Jh. erneuert. Die Reliquien des Heiligen befinden sich heute in der Kathedrale Saint-Lazare in Autun/Burgund, doch 1972 will man in Lárnaka bei einer Renovierung die Schädelreliquie von Lazarus unter dem Altar gefunden haben, die nun in einem goldenen Schrein am Eingang verehrt wird. In feierlicher Prozession wird die Ikone des Heiligen acht Tage vor Ostern durch Lárnaka getragen. Auch eine prächtige, mit Gold überzogene Ikonostase ist beachtenswert, ebenso wie eine Ikone mit dem Motiv der Auferweckung des Heiligen. Der Kirche ist ein kleines **Ikonenmuseum** angeschlossen (Plateia Agiou Lazarou; Mo.–Sa. 8.15–12.30, 15.00–17.30 Uhr). Das 1625 auf venezianischen Grundmauern erbaute osmanische **Hafenkastell** beherbergt heute Ausgrabungsfunde aus Kítion (südl. Uferpromenade; Mitte April bis Mitte Sept. Mo.–Fr. 8.00–19.30, Sa., So. ab 9.30, sonst Mo.–Fr. 8.00–17.00, Sa., So. ab 9.30 Uhr).

Das Hafenkastell in Lárnaka, auch Türkisches Fort genannt, nutzten die Briten als Gefängnis.

MUSEEN

Das **Pierides-Museum** im kolonialen Stammhaus der Kaufmannsfamilie Pierides ist das älteste Privatmuseum Zyperns. Zu den Exponaten der Stiftung gehören polierte rote Keramiken der Frühbronzezeit, römische Glaswaren und mittelalterliche Keramikgefäße (Zinonos Kitieos 4; Mo.–Do. 9.00–16.00, Fr., Sa. bis 13.00 Uhr). Im **Archäologischen Museum** sind Artefakte aus der Jungsteinzeit, der Kupfersteinzeit sowie der archaischen, klassischen, hellenistischen und römischen Epoche zu sehen, darunter Fayencen und Stücke aus Elfenbein oder Alabaster (Plateia Kalograion; Di. bis Fr. 9.00–16.30 Uhr).

Léfkara steht ganz im Zeichen der Weißstickerei.

AKTIVITÄTEN

Tauchboote bringen Wracktaucher von der Marina zur gesunkenen Riesenfähre **Zenobia** (www.cyprus-divingcentre.com/zenobiawrack).

VERANSTALTUNGEN

Beim **Kataklysmós-Fest** an Pfingsten wird der Flutrettung durch Noah gedacht; man muss damit rechnen, mit Wasser bespritzt zu werden. Beim **Lárnaka-Kulturfestival** (Juli) gibt es Musik-, Theater- und Tanzveranstaltungen.

RESTAURANT

In der Nähe des Kastells ist die traditionelle Taverne **€/€€ Militzis** (Piale Pasha 42, Tel. +357 24 65 58 67, https://militzis.com) eine gute, preiswerte Adresse für Mezé und deftige zyprische Küche wie Tavás, eine Art im Römertopf gegartes Rindergulasch, oder in Wein eingelegte, orientalisch gewürzte geräucherte Schweinswürste.

HOTELS

Ein Hotel für Graffiti-Liebhaber hat der Street-Art-Künstler Paparazzi (S. 88) zusammen mit internationalen Sprayern im Stadtzentrum gestaltet. Im **€/€€ Rise Street Art** Hotel (Kimonos 1, Tel. +357 24 69 46 94, https://therisehotel.com) sind die Wandkunstwerke nicht nur an der Fassade, sondern auch in den Zimmern unübersehbar.
Direkt am Platz der Lazarus-Kirche gibt es zwei neue Boutiquehotels: das **€/€€ Opera Hotel** mit 13 Zi. und Sonnenterrasse sowie vis-à-vis das **€/€€ Operetta House** mit 6 modernen Apartments (Saint Lazarus Square, Tel. +357 24 40 01 10, www.operahotelcyprus.com). Zum Strand sind es nur 200 m, zum Airport lediglich 8 km.

UMGEBUNG

Die 1816 erbaute Moschee **Hala Sultan Tekke** (7 km südwestl.; Sa.–Do. 8.30–17.00, Fr. 8.30 bis 13.00, 15.00–17.00 Uhr), idyllisch zwischen Palmen an einem Salzsee gelegen, gehört zu den bedeutendsten islamischen Heiligtümern der Insel und ist eine der wichtigsten Pilgerstätten nach Mekka, Medina und al-Aqsa in Jerusalem. An dieser Stelle soll 647 die Tante und Pflegemutter des Propheten Mohammed begraben worden sein. Im Winter, wenn sich der **Salzsee** mit Meerwasser füllt, versammeln sich hier unzählige Flamingos. Im Sommer, wenn der See austrocknet, wurde früher das zurückbleibende Salz geerntet; heute ist das wegen der Luftverschmutzung durch den nahen Flughafen nicht mehr möglich.

INFORMATION

Lárnaka Tourismus,
Plateia Vasileos Pavlou, 6023 Lárnaka,
Tel. +357 24 65 43 22, www.larnaka.com

LÉFKARA

An den Ausläufern des Tróodos-Gebirges liegt das Bergdorf Léfkara (860 Einw.), bekannt für sein Silberkunsthandwerk und seine Spitzen. Die Tradition geht zurück auf die Zeit zwischen 1191 und 1571, als venezianische Adelsdamen sich hier der Anfertigung von Weißstickereien widmeten und einheimische Hausbedienstete darin unterrichteten. Seit 2010 gehören die Lefkarítika zum immateriellen Kulturerbe der UNESCO. In verschiedenen Werkstätten des Oberdorfs Páno Léfkara kann man den Entstehungsprozess von

DAS IST SPITZE!

Leonardo da Vinci soll so begeistert von Léfkaras Spitzen gewesen sein, dass er bei seinem Besuch 1481 eine kunstvoll gearbeitete Altardecke für den Mailänder Dom kaufte. In ihrem Laden voller Spitzendeckchen zeigt Evanthía das rautenförmige Muster, das seither als Leonardo-da-Vinci-Motiv bekannt ist. „Zum 600-jährigen Jubiläum des Doms haben wir Frauen aus Léfkara eine neue Decke mit diesem Motiv gefertigt." Und die schmückt nun seit 1986 den Altar, wie zu Leonardos Zeiten.

Spitze und Silber verfolgen. Wer echte Produkte kaufen möchte, sollte sich damit auskennen, denn wegen der vielen Bustouristen werden auch preiswerte, maschinell hergestellte Waren aus Asien angeboten.

MUSEUM

Im **Patsalos-Haus**, dem ehem. Wohnhaus (Ende 19. Jh.) einer reichen Familie, befindet sich das Dorfmuseum mit Stickereien und filigranen Silberarbeiten (Mitte April–Mitte Sept. tgl. 9.30 bis 17.00, sonst 8.30–16.00 Uhr).

HOTEL/RESTAURANT

Im kleinen € **Lefkara Hotel** mit 10 Zi. im renovierten Steinhaus eines ehem. Spitzenhändlers ruht man in schmiedeeisernen Betten (Timiou Stavrou 42, Páno Léfkara, Tel. +357 24 34 21 54, https://lefkara-hotel-pano-lefkara.hotel-mix.de). Im Restaurant gibt es mediterrane, zyprische Küche.

UMGEBUNG

Hauptattraktion der Golden Donkeys Farm in **Skarínou** (9 km südöstl.) sind 170 Esel, auf denen man auch Ausflüge in die Umgebung unternehmen kann (s. S. 37).

INFORMATION

www.lefkara.org.cy/en

4 TÓCHNI UND KALAVASÓS

Das Bergdorf Tóchni (440 Einw.) ist eines der ältesten in Zypern. Die urigen Steinhäuser waren Ende der 1980er-Jahre noch Ruinen, der Ort fast verlassen. Dann hat Sofronis Potamitis, Ökopionier und Inhaber von € **Cyprus Villages**, das Dorf zum Erhalt traditioneller Lebensart auf Agrotourismus umgestellt. Hier und im Nachbardorf Kalavasós (730 Einw.) wohnen Touristen nicht in Hotels, sondern in Unterkünften, die über den ganzen Ort verteilt sind. So ist man ins Dorfleben integriert und kann in den örtlichen Tavernen und Open-Air-Restaurants leicht Kontakt zu Einheimischen knüpfen.

INFORMATION

Cyprus Villages, 7740 Tóchni,
Tel. +357 24 33 29 98,
www.cyprusvillages.com.cy

Am Salzsee südlich von Lárnaka soll 647 Hala Sultan verunglückt sein, die Tante Mohammeds.

DIE WÜRFEL ROLLEN

Es kann nur besser werden: An den niedrigen Tischen im Dorfcafé beugen sich weißhaarige Männer über ein Brettspiel. Die Würfel rollen. Schweigen. Schließlich werden schwarze und weiße Holzsteinchen klackend auf dem Brett hin und her geschoben. „Ah, nicht aufgepasst!“, ruft einer. Die anderen nicken und lachen.

Die Alten hocken schon seit früh im Kaffeehaus, das im griechischen Teil Kafenion und im türkischen Kahvehani heißt. In jedem Dorf auf der Insel ist es der Treffpunkt schlechthin – jedenfalls für die männliche Bevölkerung –, um Zeitung zu lesen, über große Politik und kleine Geschäfte zu reden oder um Távli zu spielen, wie die Griechen sagen. Tavla nennen es die Türken, wir kennen es als Backgammon. Verschiedene Namen, gleiches Spiel.

Backgammon oder Távli bzw. Tavla ist eine Mischung aus Strategie- bzw. Glücksspiel

Wer als Besucher neugierig eine Partie Távli oder Tavla verfolgt, ist überall schneller mit dabei, als er die Spielzüge vorausberechnen kann. Doch das ist ohnehin nicht von Bedeutung, weil die Fähigkeit, selbst bei ungünstigen Würfen den Sieg zu erringen, auf Zypern von einer Generation an die nächste weitergegeben wird. Deshalb fordern schon mal Jugendliche ihre Großeltern zu einem Spiel heraus, während die Eltern zusehen und nicht an spitzen Kommentaren sparen.

Besonders die Briten entpuppten sich während ihrer Zeit auf Zypern als leidenschaftliche Brettspieler; sie gaben dem Spiel auch seinen heutigen Namen. Sinngemäß bedeutet Backgammon „Rückspiel“, was sich darauf bezieht, dass geschlagene Spielsteine zurück ins Spiel gebracht werden müssen. Bei den alten Männern im Dorfcafé wird es dazu nicht mehr kommen. Der Lokalmatador hat nämlich soeben alle 15 Steine nach Hause geholt. Es kann eben immer nur einen Champion geben.

Die Spielregeln, einfach erklärt, gibt es online beim Deutschen Backgammon-Verband: www.bgverband.de

Mike's SQUARE CAFE

Nikosia

*

DER GROSSE GRENZVERKEHR

*

Wie die gesamte Insel ist auch die Hauptstadt Nikosia geteilt in einen griechischen Süden und einen türkischen Norden. Die sogenannte Grüne Linie – die Grenze, die beide Volksgruppen trennt – verläuft mitten durch die Altstadt.

Kein anderes Projekt ist in Süd-Nikosia so umstritten wie der ultramoderne, von Stararchitektin Zaha Hadid entworfene Eleftheria Square am Südende der Ledra-Straße.

Die äußerlich unauffällige Johanneskathedrale, einst katholische Klosterkirche, dient heute als orthodoxe Kathedrale der Hauptstadt.

Unten: Vom Observatorium im 11. Stock des Shakolas-Turms an der Ledra-Straße genießt man ein 360-Grad-Panorama von Nikosia.

Nicosia, Lefkosía, Lefkoşa – die letzte geteilte Hauptstadt der Welt begnügt sich nicht mit einem Namen. Der erste stammt noch aus britischer Zeit, der zweite ist griechisch, der dritte türkisch. Und so unterschiedlich wie die Namen der Stadt, so unterschiedlich sind bisweilen auch die Zugehörigkeitsgefühle ihrer Bewohner. „Mein Vater sagt, dass jeder Mensch sein Land lieben soll. Mein Land ist geteilt in zwei Hälften – welchen der beiden Teile soll ich lieben?", schrieb die 1959 im Norden Nikosias geborene Schriftstellerin Neşe Yaşın, als sie gerade mal siebzehn war. Später erregte sie Aufsehen, weil sie die Teilung ihrer Heimatstadt nicht einfach hinnehmen wollte. In Zeiten, als die Grenze noch unpassierbar war, fuhr sie vom türkischen Teil der Stadt zum Flughafen Ercan, flog über Istanbul nach Athen und weiter nach Lárnaka. Dort nahm sie ein Taxi in den griechischen Teil von Nikosia. Zehn Stunden Reise, nur um einen Kaffee im anderen Teil der Stadt trinken zu können, ein paar Querstraßen von ihrem Zuhause entfernt.

Hier der Blick auf die türkische Nordhälfte der Stadt mit der Selimiye-Moschee.

EIN LAND, DREI PÄSSE

Heimat ist für viele Zyprer eine komplexe und mitunter schwierige Angelegenheit. Vor lauter Pässen kann man schon mal Identitätsprobleme bekommen, besonders wenn man im Norden lebt. Seit dem Beitritt Zyperns zur Europäischen Union gehört theoretisch auch Nordzypern völkerrechtlich zur EU, obwohl das EU-Recht hier einstweilen quasi ausgesetzt ist. Jeder Zyperntürke darf sich im Süden einen Pass der Republik Zypern und somit einen EU-Pass besorgen. „Ich bin auch Europäer", sagt ein Grenzgänger mit Genugtuung und zeigt am Checkpoint seinen EU-Pass vor. Den habe ihm der griechisch-zyprische Beamte seinerzeit so widerwillig ausgestellt, als hätte er eigentlich kein Recht darauf. Einen türkischen Pass habe er außerdem, sagt der Mann – für den eher seltenen Fall, dass er mal in die Festlandtürkei reist –, und natürlich einen Pass der Türkischen Republik Nordzypern. Letzterer treffe seine Lebenssituation zwar noch am besten, allerdings wird das Dokument vom Rest der Welt nicht anerkannt.

Das Famagusta-Tor ist das besterhaltene von ursprünglich drei Stadttoren im fast fünf Kilometer langen Festungsring, der die Altstadt sternförmig umschließt.

Anerkennung? Seit fast 500 Jahren leben Türken und Griechen auf dieser Insel mehr neben- als miteinander. Abendland und Morgenland, Christentum und Islam stehen in ständigem Wettstreit. Wäh-

Vor dem Erzbischöflichen Palast steht eine Statue des ersten Präsidenten der Republik, Makarios III., der hier einst residierte.

Unweit der 1872 geweihten Faneroméni-Kirche, der wohl größten Kirche Nikosias, verläuft heute die UN-Pufferzone.

Nach der Chrysaliniótissa-Kirche ist das ganze Stadtviertel benannt …

Mit der A. G. Leventis-Galerie ist die Sammlung des Unternehmers Leventis seit 2014 fürs Publikum zugänglich.

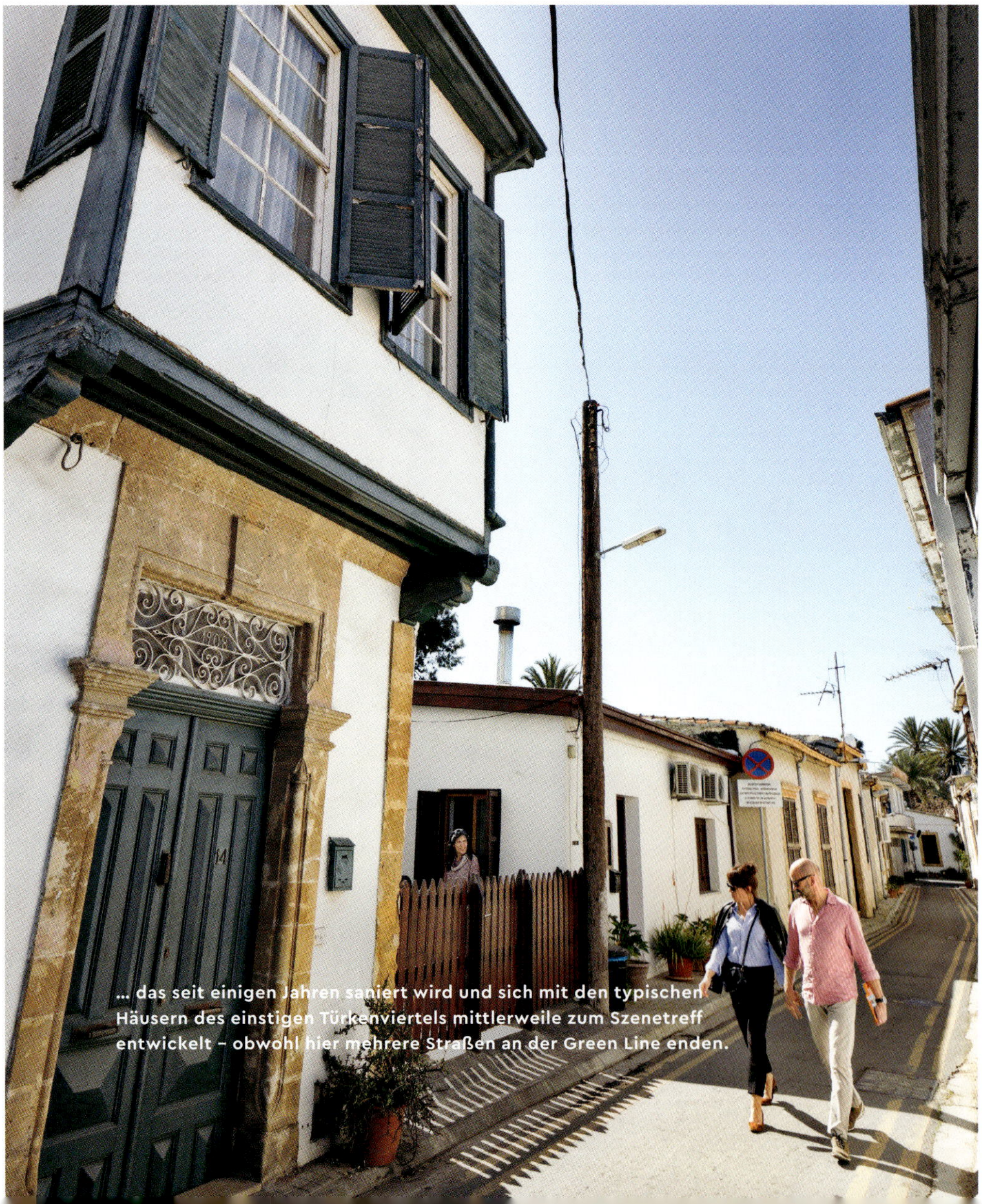

… das seit einigen Jahren saniert wird und sich mit den typischen Häusern des einstigen Türkenviertels mittlerweile zum Szenetreff entwickelt – obwohl hier mehrere Straßen an der Green Line enden.

Bemalte und vergoldete Holzkassetten zieren den Empfangsraum des Hadjigeorgákis-Kornesios-Hauses.

rend der griechische Teil Nikosias 215 000 Einwohner zählt, leben im kleineren türkischen Teil gerade mal 61 000 Menschen. Und doch hört mitten in der historischen Altstadt, die obendrein von einer sternförmigen venezianischen Mauer mit elf Türmen umgeben ist, die Republik Zypern plötzlich auf zu existieren. „Heute bin ich die Ledra-Straße entlanggegangen und habe die Schritte gezählt von dort, wo das Kafeníon steht, bis zum Kontrollpunkt. Es waren zweiundfünfzig Schritte. Zweiundfünfzig Schritte in die Freiheit, zweiundfünfzig Schritte in die Gefangenschaft. Ich kann mir die andere Seite nur vorstellen", schrieb die Dichterin Nora Nadjarian noch 2006 in ihrer Kurzgeschichte „Vorgestern".

INNERSTÄDTISCHE PASSKONTROLLE

Heute gleicht ein Grenzübertritt auf Nikosias bekanntester Flaniermeile einem lockeren Spaziergang. Die neutrale Pufferzone verläuft zwar immer noch quer über die Ledra-Straße, die auf der anderen Seite Lokmacı heißt. Doch seit 2008 hat hier ein Grenzübergang geöffnet, weshalb der einstige Boulevard heute als Symbol der Hoffnung auf eine gemeinsame Zukunft des Landes gilt – auch wenn man hier vor allem Touristen flanieren sieht. Einige Zyperngriechen weigern sich bis heute, von der Möglichkeit zum Grenzübertritt Gebrauch zu machen, weil sie sich nicht damit abfinden wollen, in der eigenen Stadt einen Pass vorzeigen zu müssen.

Die lange Teilung Nikosias hat sich unweigerlich auch auf das Stadtbild niedergeschlagen. Die sogenannte Grüne Linie – das heute von UN-Friedenstruppen bewachte Grenzgebiet in der neutralen Pufferzone – heißt nicht etwa so, weil hier pflanzlicher Wildwuchs herrscht. Nach einem griechisch-türkischen Volksaufstand zeichnete 1964 ein britischer Kolonialoffizier auf einer Militärkarte eine grüne Trennlinie mitten durch die Stadt. Seit dem türkischen Einmarsch 1974 zieht sich die Grüne Linie quer über die Insel, 180 Kilometer lang. In Nikosia ist sie geprägt von verwaisten Gebäuden, Graffiti an der Trennmauer und alten Ölfässern, die zu Barrikaden aufgetürmt sind. Auf der einen Seite liegt Süd-Nikosia, eine europäische Stadt im wirtschaftlichen Aufschwung, auf der anderen das verschlafene Nord-Nikosia. Hier zahlt man nicht mehr in Euro, sondern in türkischen Lira, hört statt Kirchenglocken den Muezzin, und die Werbetafeln sind in Türkisch beschriftet statt in Griechisch. Während viele türkische Zyprer im griechischen Süden anständig bezahlte Arbeit suchen, die sie im international isolierten eigenen Inselteil nicht finden können, kommen viele Zyperngriechen vor allem in den türkischen Sektor, um günstige Kleidung oder bisweilen auch Plagiate zu kaufen. Echte Markenlabels sucht man hier vergeblich, denn die international nicht anerkannte Türkische Republik Nordzypern unterliegt einem Handelsboykott. Was nicht immer ein Schaden sein muss, wie das Beispiel der Karawanserei Büyük Han zeigt.

ORIENTALISCHE BLEIBE

Unter wuchtigen Kolonnaden mit filigran gearbeiteten Kreuzgewölben kann man sich in der Kara-

IN ALLER FREUNDSCHAFT

Direkt im Niemandsland der UN-Pufferzone betreibt das „Home for Cooperation" ein grenzübergreifendes Gemeindezentrum mit Café und Bücherei.

Kurioser könnte der Weg ins Café nicht sein, denn er führt über die Grenze beim Ledra-Palast – bis 1974 das luxuriöseste Hotel Zyperns, dann Quartier der UN-Friedenstruppe und heute leerstehend. „Wohin?", fragt der Grenzbeamte. „Ins Freundschaftscafé?" Da winkt er einen lässig durch, verzichtet auf die Passkontrolle, schließlich bleibt man ja in der Pufferzone. Es geht an leerstehenden Häusern vorbei, mit Einschusslöchern, bröckelnden Veranden und Sandsäcken in Fensteröffnungen. Dann taucht der moderne Flachbau des Freundschaftscafés auf. Junge Leute sitzen draußen an ihren Laptops, Studentenatmosphäre. In der Bibliothek werben Flyer für innovative grenzüberschreitende Projekte. Treibende Kraft dahinter ist die von renommierten internationalen Einrichtungen unterstützte „Vereinigung für historischen Dialog und Forschung" (AHDR). „Visualize Peace" fordert ein Graffito gegenüber. Frieden sichtbar machen, genau darum geht es hier.

wanserei entspannt zwischen kleinen Läden mit Galerien und Kunsthandwerk treiben lassen. Individueller Schmuck aus Seidenkokons oder kunstvoll gefertigte Seidenbildchen zeugen von der Zeit, in der Zypern ein Zentrum der Seidenherstellung war. 1744 lag die jährliche Produktion noch bei vierzig bis fünfzig Tonnen, schließlich gab es auf der Insel viele Maulbeerbäume, deren Blätter den Raupen reichlich Nahrung lieferten. Doch die Produktion brach zusammen, als in den 1920er-Jahren China und Japan den Seidenmarkt eroberten. Heute kann man im Innenhof der Karawanserei wunderbar im Café rasten und die Gedanken schweifen lassen in osmanische Zeiten, als das Gebäude noch eine große Herberge war, in der Händler mit ihren Maultieren und Kamelen Station machten. Ein Hauch von Tausendundeiner Nacht. Da drängt sich unweigerlich die Frage auf, ob man hier eigentlich noch in Europa ist.

Für Şener Levent stellt sich die Frage längst nicht mehr. Der Herausgeber und Chefredakteur hat 2001 den Titel seiner in Nord-Nikosia erscheinenden Zeitung „Europa" aus Protest in „Afrika" geändert, als türkisch-zyprische Behörden einen Teil des Zeitungsvermögens konfiszierten, weil in einem Artikel Nordzypern als „von der Türkei besetzt" bezeichnet wurde. Seither prangt zudem ein Affe als Logo auf jeder Titelseite. „Wir befinden uns in prähistorischer Zeit", erklärt Levent öffentlich. Als die

Erst seit 2008 können Fußgänger am Grenzübergang in der Ledra-Straße in den Nordteil der Stadt wechseln. Als der Checkpoint aufgrund der Covid-19-Pandemie geschlossen wurde, regte sich Protest unter den Einwohnern.

Die UN-Pufferzone gehört zum Alltag in Nikosia, etwa im Straßencafé direkt an der mit Ölfässern gesicherten Grünen Linie.

Auch Geschäfte wie dieser Buchladen mit Galerie finden sich unmittelbar an der Pufferzone.

Links: Die Ledra-Straße südlich des Checkpoints ist eine beliebte Flanier- und Einkaufsmeile.

Nördlich der Grünen Linie geht es noch deutlich ländlicher zu als im Südteil der Stadt – Szene im Arabahmet-Viertel im türkischen Nord-Nikosia.

Gotisches Maßwerk am türkischen Restaurant Saraba Ev Yemekleri bei der Selimiye-Moschee, der ehemaligen Sophienkathedrale

kleine Zeitung auch noch den militärischen Überfall der Türkei auf die syrische Kurdenenklave Afrin als „Invasion wie in Zypern 1974" bezeichnete, zog sie sich endgültig den Zorn des türkischen Präsidenten zu. Nachdem die Zeitungsbüros verwüstet worden waren und ein Redakteur angeblich fast gelyncht, gab es 2018 die größte Antigewaltdemonstration, die Nordzypern bislang erlebt hat. Mehr als 5000 Menschen gingen in Nord-Nikosia auf die Straße.

BERLIN WALL NO. 2

Wer bei dem Gedanken an Zyperns geteilte Hauptstadt romantisierende Erinnerungen ans geteilte Berlin hegt, hofft vielleicht, hier ein – wenn auch zweifelhaftes – Retroflair zu finden. Ein Kebab-Imbiss in der Nähe des Grenzübergangs Ledra-Straße nennt sich anspielungsreich Berlin Wall No. 2. Weiße Plastikstühle, braunweiße Karotischdecken; unter der Zimmerdecke zwitschern ein paar Kanarienvögel im Käfig, gleich hinter dem Lokal liegt der Checkpoint. In seiner Pause sei der Wachposten oft zum Essen hier, erzählt Costas, der den kleinen Imbiss seit mehr als zwanzig Jahren betreibt. „Berlin? Nie dort gewesen", meint er. Der Name seines Lokals sei entstanden, weil Berlin auch mal eine Mauer hatte, die nun verschwunden ist. Seiner Frau Androulla gehörte früher ein Haus in Nord-Nikosia, in dem seit der Besetzung Türken wohnen. „Die Türken sind in allem so völlig anders als wir Griechen, verstehen Sie? In Berlin waren es ja auf beiden Seiten Deutsche", erklärt Costas sein Problem. Androulla hat in der Zwischenzeit ein paar in Plexiglas eingeschweißte Stückchen der Berliner Mauer herbeigeholt; deutsche Gäste haben dem Paar das Souvenir aus ihrer Hauptstadt mitgebracht. „Die Berliner Mauer ist doch auch in einer Nacht gefallen. Jetzt ist endlich Nikosias Grenze dran", sagt Costas und starrt auf die Mauerbröckchen in seiner Hand, als wohnten ihnen magische Kräfte inne.

IM INNENHOF DER KARAWANSEREI KANN MAN WUNDERBAR DIE GEDANKEN SCHWEIFEN LASSEN IN OSMANISCHE ZEITEN.

Büyük Han: Einst Herberge für reisende Händler, ihre Maultiere und Kamele; heute aufwendig renoviert, mit einladenden Cafés und Geschäften. Das Tausendundeine-Nacht-Flair blieb erhalten.

Die parallel zur Grünen Linie von West nach Ost verlaufende Fußgängerzone Arasta Sokak endet bei der Selimiye-Moschee (links).

Street-Art

SPRÜHEN VOR IDEEN

Zypern ist nicht nur bekannt für seine Mosaikkunst und Kirchenmalerei. Dank einiger Street-Art-Festivals hat sich auch eine bemerkenswerte Graffiti-Szene entwickelt, völlig legal. Als Pionier gilt der Künstler Paparazzi, mit dem man die Insel von ihrer bunten Seite erleben kann.

Alles begann mit einem Rap von Xzibit. „Paparazzi, Paparazzi", stimmt Achilleas Michaelides den Refrain an. Weil er den Song des US-Rappers schon 1996 immer wieder gesungen hat, nannten ihn seine Freunde bald nur noch Paparazzi; später sollte das auch sein Künstlername werden. Heute lacht der Graffiti-Künstler darüber, denn damals, so sagt er, war sein Englisch noch nicht gut genug, um zu kapieren, dass der Song keine Lobeshymne auf Fotojäger war. Was soll's. Schließlich ist Paparazzi als Street-Art-Künstler ja tatsächlich permanent auf der Jagd nach dem nächsten Motiv.

Abgeschnittene, zerlöcherte Jeans, tief hängender Hosenboden, Motto-T-Shirt mit Graffiti-Logo, Baseballkappe, Sneakers: Genau wie man sich einen Hip-Hop-Fan vorstellt, steht Paparazzi in seinem Art-Studio in der Altstadt von Lárnaka vor einer riesigen Wand aus Spraydosen und sortiert Farben. Morgen kommt die Jugendgruppe, die er jede Woche unterrichtet. „Ich bringe ihnen Spraytechniken bei, keine Motive oder Ideen. Kreativ müssen sie schon selbst werden", sagt Paparazzi. In seinen Kursen erklärt er auch gleich zu Beginn, dass Sprayen ohne Maske uncool ist, weil man permanent schädliche Farbnebel einatmen würde.

In der Leventis-Galerie in Nikosia hängt „The World of Cyprus" von Adamantios Diamantis, Vorlage für Paparazzis „People of Cyprus".

CHARAKTERE EINER INSEL

Paparazzis Kunstwerke sind alle legal. „Graffiti über fünf Stockwerke hinweg oder auf einer 25 Meter langen Wand, das geht nicht im Verborgenen", sagt er. Meistens sind es die Hausbesitzer selbst, die ihm den Auftrag erteilen, leeren Mauern oder verfallenden Häusern neues Leben einzuhauchen. Sein bekanntestes Werk, „People of Cyprus", ist eine Neuinterpretation des Gemäldes „The World of Cyprus". Das hat der in Nikosia geborene und verstorbene Künstler Adamantios Diamantis von 1967 bis 1972 geschaffen. Für sein Street-Art-Gemälde reiste Paparazzi über die ganze Insel, um hundert verschiedene Einheimische zu fotografieren und die unterschiedlichen Charaktere anschließend an eine 25 Meter lange Wand in Nikosia zu sprayen. Heute ist die Mauer in der Pythonos Street ein Selfie-Hotspot. Die Besucher werden auf ihren Fotos Teil der Szenerie im Gemälde und

Paparazzi zu Hause in Lárnaka: Die Ballerina ziert eine Wand gegenüber dem Studio, Fußballer Pelé (unten) das Studio selbst.

„Juri Gagarin, der erste Mensch im All" entstand 2016 beim Street-Art-Festival in Ayia Nápa.

»ICH BIN GLÜCKLICH, WENN MIR JEMAND SAGT, DU HAST MEINE STADT SCHÖNER GEMACHT.«

Links: Nicht für die Ewigkeit: Wer seine Kunst an öffentlichen Wänden installiert, wie Paparazzis Werk „People of Cyprus" in Nikosia, muss auch mit Vandalismus leben können. Rechts: Paparazzis Wandbild „Der Fischer" ziert eine Hauswand in Ayia Nápa.

schauen plötzlich mit in einen Stadtplan oder hören einem Gitarristen zu. Manche verewigen auch eigene Kritzeleien auf dem Bild. „Graffiti kommen und gehen, mit Vandalismus musst du leben", sagt Paparazzi, der sein Wandbild schon mehrfach wegen Verunstaltungen überarbeiten musste.

FÜR IMMER JUNG

Spätestens da wird klar, dass seine Graffiti mit simplen Schmierereien nichts zu tun haben, sondern echte Kunstwerke sind. Doch bis sich das auch auf Zypern herumgesprochen hatte, hieß es Pionierarbeit zu leisten. Nach der Kunstschule in Tiflis machte der 1982 in Georgien geborene Paparazzi in den Straßen von Thessaloniki erste Bekanntschaft mit dem Genre. Und er hatte das Glück, schon in jungen Jahren einen Sponsor wie den deutschen Farbenhersteller Montana-Cans zu finden. „Wand-Graffiti und Hip-Hop-Kultur, das ist meine Welt. Da bin ich oldschool", sagt der Meister und findet es seltsam, wenn Street-Art-Künstler erst gegen den Kapitalismus wettern und dann Drucke ihrer Werke verkaufen. Wenn er mit Inbrunst die alten Raps aus den 1980ern und 1990ern mitsingt, nennt ihn selbst seine Frau einen „bloody old teenager".

Dagegen können ihm Ausstellungseröffnungen mit sogenannten Kunstförderern gestohlen bleiben. „Die stehen nur mit dem Schampusglas rum, klopfen dir auf die Schulter und kaufen sowieso nie was. Ich bin glücklich, wenn mir jemand sagt: Du hast meine Stadt schöner gemacht." In dieser Mission ist Paparazzi längst nicht mehr allein unterwegs. Auf der Insel gibt es inzwischen regelmäßig Street-Art-Festivals, bei denen lokale Künstler auf internationale Kollegen treffen. So lernte der Zyprer Yiannis Hadjipanayis alias Pest in Ayia Nápa den Schweizer Fabian Flurin alias Bane kennen. Als Künstlerduo Bane & Pest sind die beiden heute in der halben Welt aktiv.

VON XXL BIS UNAUFFÄLLIG

Vielleicht kann man die Graffiti auf Zypern auch als moderne Weiterentwicklung der Mosaiken in Tempeln oder Wandmalereien in Kirchen betrachten, für die die Insel bekannt ist. In den Städten erfüllen farbenfrohe Graffiti inzwischen überall die Straßen mit Leben. Mal im XXL-Format, mal klein und unauffällig; mal mit politischer Botschaft, mal zum Schmunzeln. Und das Schöne dabei: Man kann sich einfach durch die Stadt treiben lassen und entdeckt vielleicht gleich um die Ecke ein echtes Meisterwerk.

PAPARAZZI ART STUDIO

Karaoli & Dimitriou 52, 6021 Lárnaka, Tel. +357 99 78 50 24

RISE STREET ART HOTEL

Neuestes Projekt von Paparazzi: das Rise Street Art Hotel in Lárnaka zeigt Kunstwerke an der Fassade und in den Zimmern, samt Freiflächen, auf denen sich auch die Gäste verewigen dürfen, https://therisehotel.com.

NAPASOUND
NAPA RADIO
ATM
ATM
Euronet
ΠΑΓΑΚΙΑ
Party ICE
Tel: 7000 0517 www.tziovanis.com
Tziovanis
Constantinou

Lefkoşa
Maßstab 1:10.000
0
300m
Osman Paşa Caddesi
Sehitler Abidesi (The Martyr's Memorial)
Cemal Gürsel Caddesi
Nat'l. Struggle Monument
Playing Field
Barbaro
Albay Karaoğlanoglu Caddesi
Necmi Aykiran Sokak
Kyrenia Gate
Istanbul Cad.
Quirini
Vice Presidential Palace
Loredano
Celaliye Sokağı
Reşadiye Sokağı
Mevlevi Tekke Museum
Alpaslan
Bodamyalı S.
Fuzuli Sokağı
Çancaya
Hüseyin Ruso S.
Lysippou
Home for Cooperation
Checkpoint pedestrians only
Mula
Nouri Efendi S.
Police
Atatürk Meydanı
Ali Ruhi S.
Laleli Cami Mosque
Yenicami
Atlila
M. Ali Riza Sokağı
Flatro
Playing Field
Greek College
formerly Ledra Palace Hotel
Kanli Mescit Cami Mosque
Saraγönü Mosque
Mecidive
Koumanrjilar Han
St. Sophia Cathedral (Selamiye)
Haydar Pasha Mosque
Haydarpasa S.
Jeffery's Museum
Agios Georgios Church
Agios Kassianos Church
Chrysaliniotissa Church
Goethe Institute
Arabahmet Mosque
Ziya Efendi Sokağı
Iplik Pazari Mosque
Playing Field
Dervish Pasha Mansion
Büyük Han
Library
Chapter House
Büyük Hamam
Bedestan
Arasta Sokağı
Covered Market
Law Courts
Mouskou
Notre Dame de Tyre
Ermu Caddesi
Ermou
Dimonaktos
Ektoros
Ammochostou
Roccas
Roman Catholic Church
Baf Caddesi
Kykkou
Lidinis
Pafos Gate
Pafos
Police Station
Maronite Church
Kastelliotissa
Artemidos
Library
Arablar Mosque
28 October Square
Phaneromeni Church
Municipal Market
The Nicosia Arts Center
Museum of National Struggle
Garaffa
Famagusta Gate
Thiseos
Pancyprian College
Public Baths
Apostolou Varnava
Ethnographic Museum
Byzantine Museum
Agios Ioannis Cathedral
Archbishop's Palace
Library
Plateia Markos Drakos
Kinyra
City Park
Telephone and Telegraph Office
Theatre
House of Representatives
Fire Station
Arsinois
Ouzounian
Observatory
Sofokleous
Trypiotis Church
Turkish Bath
Augustine Church and Monastery (Omerye)
Patriarchou Grigoriou
Agios Antonios Church
Adamantiou Korai
Hadjgeorgakis Kornesios House
Liberation Monument
Foteinou Pana
Larnakos
Leoforos Salaminos
General Hospital
Plateia Stylianos Lenas
Cyprus Museum (archaeological)
Tripoli
Plateia Dion. Solomou
Apollonos
Liasidou
Agios Savvas Church
Nicosia Municipal Museum (The Leventis)
Onisilou
Podokataro
Archermou
Chilonos
Electricity Authority
Plateia Lloyd Tzortz
Bus Station
Ippokratous
Cyprus Jewellers Museum
Xenierou
Palaiologou
Playing Field
American Academy
St. Paul's Anglican Church
Dionysios Solomos Statue
Plateia Eleftherias
LAIKI GEITONIA
Town Hall
Central Post Office
Xanthis
Konstantinou
Costanza
Leoforos Stasinou
Protagorou
Lefkosía
Leventis Gallery
Library
D' Avila
Bayraktar Mosque
Ministry of Interior
Vasileos Pavlou
Theatre
Stadum
Tower 25
Leoforos Evagorou
Leoforos Archiepiskopou Makariou
Leoforos Stasinou
State Collection of Contemporary Art
Market
Ministry of Labour
Ministry of Health
Government Offices
Stasandrou
Pindarou
Digeni Akrita
Themistokli Dervi
Arnaldas
Afroditis
Agias Elenis
Boumpoulinas
Iras
Kritis
1
2
3
4
5
6
7
8
9
10
11
12
13
14
15
256
Aspros
Kanli
Kanlıköy
187
Kioneli
Gönyeli
Mandres
Hamitköy
Trachoni
Demirhan
Exo Me
Düzov
Maßstab 1:150.000
0
2
4km
Ortakioi
Ortaköy
Trachonas
Kızılay
Mia Milia
Haspolat
Palaikythro
Balıkesir
Agios Theodoros
Gerolakkos
Alayköy
LEFKOŞA
Agios Dometios
Αγιος Δομεττος
(155)
B13
KAIMAKLI
PALLOURIOTISSA
Periochi
Aşağı Mandiralar
Pediaios
Almyros
Tzami Selimiye
Lapidario
Palati Archiepiskopou
Agios Ioannis
Tzami Sarayonu
Laiki Geitonia
B16
126
Cyprus Museum
PALAIA POLIS
ΠΑΛΑΙΑ ΠΟΛΙΣ
LEFKOSIA (NICOSIA)
ΛΕΥΚΩΣΙΑ
Dithnis Aerolimenas Lefkosias
Nicosia International Airport
(closed)
Egkomi
Εγκωμη
(163)
Moni Makedonitissa
Kokkinadia
Ercan Airport
E925
A9
E116
Aglangia
Αγλαγγια
(146)
Strovolos
Στροβολος
(186)
E902
E101
Athalassa
Αθαλασσα
Lakava Frourion
B17
Kavkallokampos
254
Moni Archangelos Michail
Athalassa Dam
A1
Pagkyprion Stadium
E119
B22
Agioi Trimithias
Αγιοι Τριμιθιας
B9
259
Kato Lakatameia
Κατω Λακαταμεια
Kirklar Tekkesi

EIN ORT, ZWEI WELTEN

Die Green Line trennt auch in der Hauptstadt Nikosia den griechischen Süden vom türkischen Norden. Mit ihren Museen, Kaffeehäusern und Basaren ist vor allem die renovierte Altstadt in beiden Teilen sehenswert. Sie ist in ihrer Gesamtheit von einem sternförmigen Festungsring aus venezianischer Zeit mit elf Bastionen eingefasst.

NIKOSIA/LEFKOSÍA

Früheste Siedlungsspuren sind aus der Zeit um 2500 v. Chr. Die heute renovierte, leicht zu Fuß zu erkundende Altstadt ist noch immer komplett (Süd- und Nord-Nikosia) von der 12 m hohen, fast 5 km langen venezianischen Stadtmauer umgeben, die im 16. Jh. das Vorgängerbauwerk aus dem frühen 13. Jh. ersetzte.
Nach gewaltsamen Auseinandersetzungen zwischen Türken und Griechen teilten UN-Friedenstruppen 1964 die Hauptstadt. Der südliche, griechische Teil heißt Lefkosía (215 000 Einw.). Als Puffer fungiert die von der UN überwachte neutrale Zone, die sogenannte Green Line. Es gibt drei Grenzübergänge in der Stadt. Der meistfrequentierte in der Ledra-Straße (Lokmacı) verbindet beide Fußgängerzonen und ist nur zu Fuß oder mit dem Fahrrad zu nutzen. Am ehemaligen Ledra-Palace-Hotel sowie im westlichen Stadtteil Ágios Dométios (Metehan) dürfen auch Kfz passieren; Touristen mit Mietwagen sollten die Grenze aus versicherungstechnischen Gründen nicht überqueren. Der Grenzübertritt ist rund um die Uhr möglich und mit europäischem Reisepass oder Personalausweis meist in wenigen Minuten erledigt.

Die Festungsmauer ist eine der Hauptsehenswürdigkeiten – hier beim neuen Eleftheria Square.

SEHENSWERT

Die sternförmige **Festungsmauer** (16. Jh.) mit elf Bastionen war ursprünglich von drei Stadttoren durchbrochen; davon ist das östl. 1 **Famagusta-Tor** am besten erhalten. Heute ist die Wallanlage an vielen Stellen geöffnet. Besonders interessant ist der südl. 2 **Eleftheria Square** (Platz der Freiheit), an dem zwei internationale Stararchitekten gewirkt haben. Nach Plänen der 2016 verstorbenen Zaha Hadid entstand ein neuer Platz mit Stadtpark; von Jean Nouvel stammt der 2 **Tower 25**, das erste fassadenbegrünte Hochhaus der Stadt (s. S. 95). Von hier aus lohnt ein Bummel über die bekannte Flaniermeile **Ledra-Straße** zum 1959 erbauten 4 **Shacolas Tower** (Ledra Street 170; Mo.–Sa. 10.00–17.00, Sommer bis 19.00, So. ab 11.00 Uhr), wo man vom **Observatorium** in der 11. Etage einen 360-Grad-Panoramablick über die Stadt genießt. Es gibt Teleskope, Ferngläser und ein kleines Museum zur Stadtgeschichte. Die 5 **Omeriye-Moschee** (Odos Trikoupi/Plateia Tyllirias; tgl. außer zu Gebetszeiten) war noch im 14. Jh. eine bedeutende Klosterkirche der Augustiner-Eremiten; 1571 wurde sie von osmanischen Eroberern zur Moschee umgebaut. Das 6 **Herrenhaus des Hadjigeorgákis Kornesios** (1793), heute Völkerkundemuseum (Patriarchou Grigoriou 20; Di.–Fr. 8.30 bis 15.30, Sa. 9.30–16.30 Uhr), war einst der Wohnsitz eines berühmten Dolmetschers. Das Empfangszimmer bezaubert durch außergewöhnliche geschnitzte, bemalte und vergoldete Holzelemente. Die äußerlich bescheidene erzbischöfliche 7 **Ágios-Ioánnis-Kathedrale** (1662)

Prächtig ausgestattete Johanneskathedrale mit vergoldeter Ikonostase

SCHAUMSCHLÄGER

Nach einem anstrengenden Tag ist der Besuch eines traditionellen Hamams genau das Richtige, um sich in Schaumberge eingehüllt zu erholen. Obendrein hat das Omeriye Hamam aus dem 14. Jh. jede Menge authentisches orientalisches Flair zu bieten. Tipp der Masseurin: In Vollmondnächten kommen, dann fällt mystisches Mondlicht durch die Kuppel und zeichnet schöne Reflexionen in den Raum. Und noch ein Tipp: Donnerstags ist Frauentag.

Omeriye Hamam, Tyllirias Square 8, Lefkosía, Tel. +357 22 46 00 06, www.hamamomerye.com

erscheint im Inneren besonders prunkvoll, mit vergoldeten Holzarbeiten (18. Jh.) und Kristalllüstern. Sie ist das einzige Gotteshaus Nikosias, dessen Fresken im Innern vollständig erhalten sind (Plateia Archiepiskopou Kyprianou, neben dem Erzbistum; Mo.–Fr. 8.00–12.00, 14.00–16.00, Sa. 9.00–12.00 Uhr). Die riesige Statue von Erzbischof Makarios III. vor dem **Erzbischöflichen Palast** war seinem Nachfolger zu groß; er ließ sie zum Kloster Kýkko bringen und durch eine kleinere Marmorstatue ersetzen.

Einen Abstecher in die Pufferzone lohnt das Café des Begegnungszentrums 9 **Home for Cooperation**, das auch geführte Touren durch die geteilte Hauptstadt anbietet (Marcou Dracou 28, Tel. +357 22 44 57 40, www.home4cooperation.info). Gleich gegenüber steht das ehem. 9 **Ledra Palace Hotel** (nur von außen zu sehen, bis 1974 das beste Luxushotel der Insel, mit Gästen wie Elizabeth Taylor und Richard Burton; nach der Invasion geriet es in die UN-Pufferzone und war bis 2019 Hauptquartier der UN-Friedenstruppen, die aufgrund von Renovierungsstau in neue Gebäude gegenüber umgezogen sind.

MUSEEN

Von der Jungsteinzeit bis in die frühbyzantinische Zeit sind die bedeutendsten Ausgrabungen des Landes im 8 **Zypern-Museum** (Archäologisches Museum) versammelt. Highlights sind in Saal V die Aphrodite von Sóloi sowie der Weingott Dionysos, der auch als Gott der sexuellen Erfüllung galt, was ein Paar in akrobatischen Verrenkungen auf der Rückseite der Stele belegt (Mouseiou 1; Di.–Fr. 8.00–18.00, Sa. 9.00 bis 17.00, So. 10.00–13.00, 1. Mi. des Monats bis 20.00 Uhr). Meisterwerke der Ikonenkunst zeigt das 7 **Byzantinische Museum** (Plateia Archiepiskopou Kyprianou, innerhalb des Erzbistums; vorübergehend geschlossen). Unter den 200 Ikonen befindet sich eine der ältesten Zyperns: ein kleines Bildnis der Jungfrau mit Kind (8./9. Jh.). Als großer Schatz gelten Wandbilder aus dem 5./6. Jh., die Kunsträuber in den 1970er-Jahren aus der Kirche des Antifonítis-Klosters im türkisch besetzten Teil der Insel herausgebrochen hatten. 1997 in München wiederentdeckt, wurden sie nach jahrelangem Rechtsstreit nicht Nordzypern, sondern der orthodoxen Kirche mit Sitz in Nikosia zurückgegeben.

Das Byzantinische Museum ist u. a. für seine Ikonensammlung bekannt, aber zur Zeit vorübergehend geschlossen.

Eher ländlich wirkt die Szenerie in der nördlichen Altstadthälfte: Straßencafé am Arasta Sokak.

Als Hommage an die europäische Kunst wurde 2014 die 3 **A. G. Leventis Gallery** (A. G. Leventis 5, www.leventisgallery.org; Do.–So. 10.00 bis 17.00, Mi. bis 20.00 Uhr) eröffnet, mit Werken von El Greco, Monet und Chagall. In der Sammlung des zyprischen Unternehmers Anastasios George Leventis ist seine Heimat u. a. mit Adamantios Diamantis vertreten, dessen 17 m breites Gemälde „Die Welt von Zypern" den Graffiti-Künstler Paparazzi zu einem 25 m langen Wandgemälde in Nikosias Pythonos Street inspirierte.

EINKAUFEN

Wer nicht in der Fußgängerzone rund um die **Ledra-Straße** fündig wird, kann im **Cyprus Handicraft Centre** im Stadtteil Strovolos traditionelle Handwerkskunst erwerben (Athalassas Ave. 186, 5 km südl. der Altstadt).

AUSGEHEN

Live-Jazz vom Feinsten findet man in **Sarah's Jazz Club** in der Nähe des Eleftheria Square (Xanthis Xenierou 35, Tel. +357 95 14 77 11, www.sarahsjazzclub.com).

RESTAURANT

Mezé-Tradition seit 1938: In **€/€€ Zanettos Taverne** (Trikoupi 65, Tel. +357 22 76 55 01, https://nicosia.love/microsite/zanettos) werden Salate, Vorspeisen, Halloumi-Käse und Grilladen in allen Varianten serviert, bis sich Tischchen und Tellerchen biegen.

HOTEL

Das **€€ Centrum Hotel** (Eleftherias Square, Pasikratous 15, Tel. +357 22 45 64 44, https://centrumhotelcyprus.com), ein modern eingerichtetes Drei-Sterne-Haus mit 47 Zi., liegt zentral in der Altstadt.

INFORMATION

Lefkosía Tourismus,
Aristokyprou 11, 1011 Lefkosía,
Tel. +357 22 67 42 64, www.nicosia.org.cy

10–15 NIKOSIA - LEFKOŞA

Der Nordteil der Stadt heißt Lefkoşa (61 000 Einw.). Die trennende Green Line kann man mit europäischem Reisepass oder Personalausweis auch von Nord nach Süd problemlos an den drei Grenzübergängen passieren. In der türkischen Altstadthälfte geht es provinzieller zu als in der griechischen. Wegen des Handelsboykotts fehlen international bekannte Marken im Stadtbild. Innerhalb der Stadtmauern finden sich auch in Nord-Nikosia Spuren der Lusignan-Könige, der venezianischen Kaufleute, britischen Kolonialherren und besonders der osmanischen Herrscher, etwa im Arabahmet-Viertel ganz im Westen der Altstadt, mit teils renovierten historischen Wohnhäusern und der Moschee Arabahmet Camii aus dem 16. Jh.

SEHENSWERT

Die ehemalige Sophienkathedrale, ein Meisterwerk der französischen Hochgotik (1209–1350) mit wunderbarer Fensterrosette, wurde bereits im 16. Jh. von den Osmanen in die 10 **Selimiye-Moschee** umgewandelt (Selimiye Camii; tgl. außerhalb der Gebetszeiten; Schuhe müssen ausgezogen werden, Kleidung bedeckend sein). Anstelle der unvollendeten Westtürme wurden zwei Minarette ergänzt, Bildnisse im Inneren entfernt oder übertüncht. Vergessen hat man jedoch einen kleinen Schlussstein im Seitengewölbe, der noch heute das Lamm Gottes zeigt. Der 11 **Bedesten** („Markthalle") genannte Bau gleich nebenan, war ursprünglich vermutlich eine dem hl. Nikolaus geweihte byzantinische Kirche; unter den Osmanen beherbergte das Gebäude die Marktstände von Textilhändlern, heute dient es als Kulturzentrum, u. a. mit **Derwisch-Tanzvorführungen** (Mo.–Sa. mehrmals tgl.). Die 1572 errichtete Karawanserei 12 **Büyük Han** an der Basarstraße Arasta Sokak gilt als ältestes türkisches Bauwerk der Insel. Der zweistöckige Bau mit kleiner oktogonaler Kuppelmoschee im Innenhof war einst eine große Herberge für Händler und ihre Kamele (Ställe in den unteren Arkaden), die auf der Karawanenstraße unterwegs waren. Noch heute kann man hier in orientalisches Flair eintauchen, denn nach umfänglicher Renovierung sind kleine Werkstätten, Souvenirläden, Boutiquen und ein Café eingezogen. Eine kleinere, erst kürzlich restaurierte Karawanserei ist der 13 **Kumarcılar Han**, der „Hof der Glücksspieler" (Asmaalti-Platz, 100 m nördl. von Büyük Han), ebenfalls mit kleinen Geschäften und Café, wo heute wieder gern eine Runde Tavla gespielt wird. Das kuriose Eingangsportal des 14 **Büyük Hamam** (Irfan Bey Sokak 9; tgl. Di. bis So. 9.00–21.00, bis 15 Uhr jeweils am Mi., Sa. nur Frauen und Di., Do., So. nur Männer. nachmittags und den ganzen Freitag für Familien) gehörte zur ehem. Kirche St. Georg der Lateiner (14. Jh.). Durch die Erhöhung des Straßenniveaus in modernen Zeiten sieht es aus, als wäre das

Gebäude zur Hälfte darunter versunken. Auf den Ruinen der Kirche wurde 1571 das türkische Badehaus errichtet.

MUSEUM
Die Geschichte des Sufi-Ordens und seiner Riten veranschaulicht das Museum im ehem. Kloster der Tanzenden Derwische 15 **Mevlevi Tekke** anhand von Kleidungsstücken und Musikinstrumenten (Girne Caddesi 28; Mai–Sept. tgl. 9.00 bis 14.00, sonst 9.00–13.00, 14.00–16.45 Uhr). Die Derwische versuchten durch ihren drehenden Tanz in Ekstase zu fallen und so Allah näher zu kommen. Der im 13. Jh. gegründete Orden, der in der Türkei 1925 von Kemal Atatürk wegen reaktionärer Ansichten verboten wurde, existierte in der britischen Kolonie Zypern noch bis 1956.

EINKAUFEN
In der parallel zur Green Line verlaufenden Fußgängerzone **Arasta Sokak** gibt es viele kleine Läden mit preiswerten Waren, allerdings auch viele Plagiate. Originale Markenlabel findet man wegen des Handelsboykotts nicht. In der Karawanserei **Büyük Han** lohnt der Kauf von Kunsthandwerk wie individuellem Schmuck aus Seidenkokons oder kunstvoll gefertigten Seidenbildchen. Schmökern und mediterran essen kann man in der schönen **Buchhandlung Rüstem** (Girne Caddesi 26, Tel. +90 392 2 28 35 06).

RESTAURANT
Mediterran-zyprische Gerichte genießt man in der € **Bibliotheque** (Mithat Paşa Sokak 7, Tel. +90 533 8 33 71 65, www.biblionicosia.com) unter Dutzenden aufgespannten bunten Regenschirmen im Freien oder innen in einer Bibliothek mit Ohrensesseln.
Das Café € **Hoi Polloi** (Arasta Sokak, hinter Büyük Han, Tel. +90 533 8 51 09 34), dessen Name „die vielen" bedeutet, veranstaltet grenzübergreifende Projekte und ist ein Künstlertreffpunkt.

HOTEL
Das modern eingerichtete Boutiquehotel € **Nicosia Eagle Eye** (Celaliye Sokak 16, Tel. +90 542 8 53 66 42, https://cyprioteagleeye.com) mit 7 Zi. in einem historischen Gebäude am Rand der Altstadt verfügt auch über Garten und Terrasse.

INFORMATION
Tourismusinformation Nord-Nikosia,
Kyrénia-Tor (Girne Kapısı),
Tel. +90 392 2 27 29 94,
oder am Grenzübergang Ledra Street,
www.nordzypern-touristik.de

Nur einen Steinwurf von der Green Line entfernt: Arabahmet-Moschee in Lefkoşa

VERTIKALE GÄRTEN

Die Stadt der Zukunft, wie wird sie wohl aussehen? Aus Platzmangel sind schon heute vielerorts Alternativen zu Parkanlagen gefragt. Der französische Architekt Jean Nouvel, berühmt für spektakuläre Gebäude wie den Louvre in Abu Dhabi, begrünte in Nikosia die Hochhausfassade des Tower 25, ein Projekt, das auch als The White Walls bekannt wurde. Über 18 Stockwerke ranken sich Grünpflanzen. Balkone und Loggien vor den Wohn- und Büroräumen laden ein, viel Zeit im Freien zu verbringen. Das Penthouse ganz oben ist mit seiner großen Terrasse samt Swimmingpool eine der teuersten Wohnungen der Stadt.

„Das fehlende Teil im Puzzle finden", so beschreibt Nouvel seinen Baustil, der um eine Anpassung der Gebäude an die jeweilige Umgebung bemüht ist. In Süd-Nikosia steht sein fassadenbegrüntes Hochhaus am sogenannten Platz der Freiheit, dem Eleftheria Square. Dessen Zentrum wurde nach einem Entwurf der irakisch-britischen Architektin Zaha Hadid (1950–2016) in einen Stadtpark, eine grüne Lunge der Stadt, verwandelt.

Viel Grün: Tower 25 – die nicht abgebildete Südfassade ist noch üppiger bepflanzt – und Park im Zentrum des Eleftheria Square.

Pflanzen gelten schließlich als Alleskönner. Sie filtern Staub, absorbieren CO_2, dämmen Lärm, und an der Hausfassade schützen sie vor Kälte und Hitze zugleich. Dabei helfen sie obendrein noch Energie zu sparen. Die Bewohner sogenannter Farmscrapers werden mit vertikal angebautem Obst und Gemüse sogar zu Selbstversorgern. Eines sollte man dabei jedoch bedenken: Ab und an wird sich auch so manches Krabbeltier in die Etagenwohnung verirren.

Tower 25/The White Walls: Stasinou/Megaro Mitsi Street, 1065 Nikosia, www.jeannouvel.com/en/projects/white-walls

Eleftheria Square: www.zaha-hadid.com/masterplans/eleftheria-square

Der Norden

*

AUF SCHWIERIGEM TERRAIN

*

Seit Öffnung der innerzyprischen Grenze wird der einst isolierte türkisch besetzte Norden zum Reiseziel für entdeckungsfreudige Individualtouristen, die verschlafene Orte mit Burgen- und Klosterruinen sowie ruhige Strände zu schätzen wissen.

Abgelegener geht nicht auf Zypern: Der Golden Beach am östlichsten Ende der Karpas-Halbinsel lockt Naturliebhaber. Gedränge? Fehlanzeige! Sonnenliegen und -schirme? Ebenso.

Die griechischen Bewohner von Kármi wurden nach 1974 vertrieben. Heute sind die traditionellen Häuser an wohlhabende Ausländer verpachtet mit der Auflage, sie zu sanieren und instandzuhalten.

Das „Blaue Haus" eines griechisch-zyprischen Unternehmers in Myrtou wurde nach 1974 von der türkischen Armee genutzt. Heute beherbergt es ein Museum.

Der Weg in himmlische Höhen ist steinig und schwer. Mehr als 450 Stufen sind es hinauf zum „Schloss der tausend Gemächer", wie Einheimische die Burg St. Hilarion nennen, die auf einem spitzen Felsen über Kyrénia thront. Burgruine und Berg sind kaum zu unterscheiden, so sehr sind sie über die Jahre miteinander verwachsen. An düsteren Herbsttagen mag man bisweilen an den eigenen Sinnen zweifeln, wenn St. Hilarion kurz zwischen Nebelschwaden aufscheint wie eine Fata Morgana. Vorlage für Walt Disneys Schneewittchen-Film soll die Burgruine gewesen sein; die britische Schriftstellerin Rose Macaulay nannte sie eine „Bilderbuchburg für Elfenkönige".

FENSTER DER KÖNIGIN

Wenn Steine sprechen könnten, dann würden sie in St. Hilarion von quälenden Belagerungen und blutigen Rachezügen erzählen. Prinz Jean von Antiochia, Bruder und potenzieller Nachfolger des 1369 ermordeten Königs Peter I., ließ oben vom Prinz-Jean-Turm seine 300 Leibwächter hinunterstoßen. Peters Witwe, Eleonore von Aragon, die selbst an die Macht

WER DEN ANSPRUCHSVOLLEN AUFSTIEG ZUR BURGRUINE GESCHAFFT HAT, GELANGT ANS FENSTER DER KÖNIGIN.

wollte, hatte Jean glauben lassen, die Wächter würden ihm nach dem Leben trachten. Später soll Eleonore den nun ungeschützten Rivalen aus dem Weg geräumt haben.

Wer den anspruchsvollen Aufstieg zur Burgruine geschafft hat, macht dankbar Rast am „Fenster der Königin", einer mit schönstem gotischem Maßwerk verzierten Fensternische mit zwei Steinbänkchen. „Genau so hat schon Eleonore auf Zypern geschaut", sagt eine Besucherin und bittet ihre Begleitung, den königlichen Ausblick im Bild festzuhalten. Bei gutem Wetter sieht man von hier sogar die Schiffe drüben am türkischen Festland ablegen. Aus diesem Grund hat man St. Hilarion einst erbaut: um anrückende Feinde möglichst früh zu entdecken.

Unter den drei Gipfelburgen im Pentadáktylos-Gebirge – St. Hilarion, Kantara und Buffavento – ist Letztere am schlechtesten erhalten und am mühsamsten zu erreichen.

Der Aufstieg vom Parkplatz am Fuß von St. Hilarion bis hinauf zur Oberburg ist auch nicht ganz ohne. Als Lohn wartet oben der Blick aus dem Fenster der Königin.

Ein Ort für Romantiker ist die Klosterruine Bellapaís. Der Schriftsteller Lawrence Durrell, der in den 1950er-Jahren im Dorf Bellapaís lebte, war begeistert von der „atemberaubenden Harmonie“ der gotischen Abtei.

Wie die drei Gipfelburgen thront auch das ehemalige Prämonstratenser-Kloster aus dem 13./14. Jh. auf einem Felsvorsprung des Pentadáktylos-Gebirges.

Romantiker kommen auch am malerischen, hufeisenförmig angelegten Hafen von Kyrénia auf ihre Kosten.

An der Hafenpromenade finden sich zahlreiche Straßencafés und Restaurants.

Special

DIE JESUS-VERSTEHER

Die christliche Minderheit der Maroniten spricht eine Variation des Aramäischen und darf im türkisch besetzten Nordzypern die Kirchenglocken läuten lassen.

Käme Jesus heute nach Koruçam, könnten sie sich mit ihm unterhalten, behaupten die Dorfbewohner stolz. Sie gehören zur Minderheit der Maroniten auf Zypern, die noch eine Art zyprisches Arabisch spricht, das dem Aramäischen zugerechnet wird, der Muttersprache von Jesus. Von einst sechzig maronitischen Dörfer gibt es nur noch drei im türkisch besetzten Nordwesten. Der Großteil der etwa 6000 Maroniten lebt inzwischen im Süden. Kaum mehr als tausend von ihnen beherrschen die aussterbende Sprache noch, doch das ist nicht das einzig Kuriose in den Dörfern Karpaşa/Karpáseia, Özhan/Asómatos und Koruçam/Kormakítis. Während in den meisten Orten des Nordens der Gebetsruf des Muezzins erschallt, läuten hier die Kirchenglocken – was eigentlich verboten ist. Aber als geduldete christliche Minderheit dürfen die Maroniten ihre eigenen Traditionen pflegen.

Von der Festlandtürkei brauchen Schiffe heutzutage nicht länger als zwei Stunden, um in der Hafenstadt Kyrénia einzufallen. Zuletzt taten sie das 1974. Ein von der griechischen Militärjunta gelenkter Putsch der zyprischen Nationalgarde gegen Makarios III. war damals Anlass für die Invasion türkischer Truppen in Nordzypern. Tausende Menschen starben, andere wurden zu Flüchtlingen im eigenen Land. 162 000 Griechen mussten den Norden verlassen, mehr als 40 000 Türken den Süden. Seither ist die Insel geteilt. Erst seit 2003 ist es an einigen Stellen möglich, die innerzyprische Grenze zu passieren.

WIE VOR DER GLOBALISIERUNG

Das zu Füßen von St. Hilarion gelegene Kyrénia mit seinem hufeisenförmigen Hafen galt einst als kleines St. Tropez. Unter türkischer Besetzung wurde Kyrénia zu Girne. Das änderte nichts daran, dass der Ort noch immer einer der schönsten der Insel ist – im Gegenteil: Man taucht hier in eine Welt wie vor der Globalisierung ein. Keine McDonald's- oder Starbucks-Filialen verunstalten das Straßenbild, schließlich ist über die international nicht anerkannte Türkische Republik Nordzypern ein Handelsembargo verhängt. Politisch wie wirtschaftlich ist Nordzypern von der Türkei abhängig; von dort stammt die Währung, und von dort kommen die Waren.

Zum wirtschaftlichen Überleben setzt der Norden vor allem auf Zocker und Studenten. Die vielen als Geldmaschinen gebauten Casinos locken regelmäßig vor allem Festlandtürken in nordzyprische Spielerparadiese, weil Casinos in ihrem eigenen Land verboten sind. Und etliche Privathochschulen bringen mehr als 60 000 zahlungskräftige ausländische Studenten hierher – neben jungen Menschen vom türkischen Festland vor allem solche aus dem südlichen Afrika, die das Bild von Universitätsstädten wie Famagusta mit prägen.

Der über 700 Jahre alte Maulbeerfeigenbaum vor der Lala-Mustafa-Pascha-Moschee ist einer der beliebtesten Treffpunkte in Famagusta. Hier kann man sehen und gesehen werden, ohne dass man dafür gleich ins Kaffeehaus müsste. Die Reiseführerin Evie Hadjikakou-Abou-Youssef kann sich noch gut an die Zeit erinnern, als das heutige Gazimağusa noch Famagusta hieß: „Wir wohnten in einem Haus am Strand, und ich bin gern zum Kamelfelsen geschwommen, einem Buckel vor der Küste. Da hängen viele Kindheitserinnerungen dran", sagt sie. Dann kam die türkische Invasion. Evie war vierzehn, als sie, ihre Geschwister und die Eltern das Haus am Strand Hals über Kopf verlassen mussten.

GEISTERSTADT VARÓSIA

Famagustas Stadtteil Varósia (Varosha) war einst der Touristenhotspot der gesamten Insel, noch bevor Ibiza und Mallorca auf der Bildfläche des boomenden Badetourismus erschienen. Breiter, heller Sandstrand, türkisfarbenes Wasser, dazu moderne Hochhäuser – in den 1960er-Jahren fand man das schick. In Varósia verbrachten Stars wie Elizabeth Taylor ihren Urlaub. 118 Hotels, 10 000 Betten, 3000 Läden, alles in griechisch-zyprischem Besitz.

Während der Inselnorden unter türkischer Besetzung meist mit Festlandtürken besiedelt wurde, blieb Varósia Sperrzone und Sinnbild der Zypernkrise. Versuche von türkischer Seite, das Gebiet als Faustpfand einzutauschen, scheiterten. Und so ließ der im Oktober 2020 neu gewählte, von der Regierung in Ankara unterstützte Präsident Nordzyperns Ersin Tatar völkerrechtswidrig einen Zugang nach Varósia öffnen. In der Nähe des bis dahin abgeriegelten Strandes waren seit 1974 nur noch ein Hotel und ein Restaurant zugänglich, während der Rest von Varósia in einer Zeitkapsel verharrte. Der Legende nach sollen in der Geisterstadt noch unabgeräumte Frühstückstische von damals zu finden sein oder ein Autohaus mit nagelneuen 1974er-Modellen. Varósias glanzvolle Zeiten sind seit Jahrzehnten unter Staub begraben, doch das könnte sich bald ändern.

ANTIKE ZEITZEUGEN

Dabei kann sich unter dicken Sandschichten auf Zypern so manche Sensation verbergen. Nur wenige Kilometer von Famagusta entfernt sollte der deutsche Agraringenieur Max Ohnefalsch-Richter Ende des 19. Jahrhunderts im Auftrag der Briten eigentlich Wanderdünen bepflanzen, als er auf die Ruinen von Sálamis stieß, einst Zyperns einflussreichstes antikes Stadtkönigreich. In seiner Hochphase, Ende des 8. Jahrhunderts, bot es auf mehreren Quadratkilometern 120 000 Menschen Heimat. Eines der vielen Highlights der Grabungsstätte ist ein antikes Fitnesscenter für Athleten mit angeschlossenem Spa, in dem es in den Anfängen keineswegs prüde zuging. Doch mit Aufkommen des Christentums begann auch der Feldzug gegen heidnische Darstellun-

Schmale Gassen mit Cafés und kleinen Geschäften – Famagustas Altstadt lädt mit orientalischem Flair zum Bummel ein.

Famagustas fast vollständig erhaltene Stadtbefestigung ist eine der mächtigsten im Mittelmeerraum. Der Markuslöwe am Seetor symbolisiert die venezianische Herrschaft, die 1489 auf die fränkische der Lusignan-Könige folgte, allerdings nicht für lange Zeit. Ab 1571 lag die Macht über Zypern in osmanischer Hand.

Die 1326 geweihte Nikolauskathedrale – eine der beiden Krönungskirchen der Lusignans – wurde nach der Machtübernahme der Osmanen zur Lala-Mustafa-Pascha-Moschee umgewandelt, dem Nordturm ein Minarett aufgesetzt.

Schöner Strand, gewöhnungsbedürftiges Umfeld: Wer sich im (derzeit noch) einzigen Hotel an Varósias Palm Beach einmietet, badet mit Blick auf die Geisterstadt.

VARÓSIAS GLANZVOLLE ZEITEN SIND SEIT JAHRZEHNTEN UNTER STAUB BEGRABEN, DOCH DAS KÖNNTE SICH BALD ÄNDERN.

Schon zu Homers Zeiten ein Musterbeispiel hellenistischer Zivilisation: das mehrere Quadratkilometer große Salamís.

gen, was an etlichen kopf- wie geschlechtsteillosen Statuen am nördlichen Becken zu erkennen ist.

Wie groß der Menschenandrang einst gewesen sein muss, zeigt bei einer Führung die Latrinenanlage für mehr als vierzig Benutzer. Ein stilles Örtchen kann es nicht gewesen sein, denn man saß ohne Trennwände auf marmornen Sitzen über einem Spülwasserkanal und verfolgte gemeinsam die Spiele draußen auf dem Sportplatz. Weil es auf den marmornen WC-Sitzen im Winter kalt war, so scherzt der Guide, habe es einen vorsitzenden Sklaven zum Anwärmen gegeben. Und weil bereits die nächsten Touristen vor der ungewöhnlichen Attraktion warten, ruft er rasch ein „Besetzt!" hinaus.

Kaum auszudenken, dass der spannendste Teil von Sálamis womöglich noch immer unter Sand begraben liegt. Denn seit 1974 dürfen griechische Archäologen hier nicht mehr weiterforschen, weshalb sie ihrerseits die türkischen Grabungsambitionen stoppen ließen. Seriöse Altertumsforschung als absurdes Opfer der Politik.

EIN ORT FÜR ROMANTIKER

Grotesk auch, dass einer der magischsten Orte Nordzyperns ausgerechnet Bellapaís heißt, was „schöner Frieden" bedeutet. Dabei mussten die griechisch-orthodoxen Bewohner den Ort nach dem Einmarsch der Türken 1974 verlassen und dürfen

Zum Andreas-Kloster an der Ostspitze der Karpas-Halbinsel, 2016 umfassend saniert und damit vor dem Verfall gerettet, pilgern viele orthodoxe Gläubige aus dem griechischen Inselsüden.

Am Namenstag des hl. Andreas, Schutzpatron der Seefahrer, und an anderen Feiertagen liest der Priester aus Dipkarpaz im Moní Apóstolou Andréa die Messe.

bis heute nicht zurück. Weiß gekleidete Prämonstratensermönche waren die letzten Bewohner der Anfang des 13. Jahrhunderts gegründeten gleichnamigen Abtei, deren Ruine heute einem romantischen Landschaftsgemälde entsprungen scheint. Zwischen Kreuzgängen und freistehenden Spitzbögen wachsen in mediterraner Üppigkeit Zypressen und Apfelsinenbäume, deren Früchte in kräftigem Orange leuchten, während die Blüten die Kulisse gleichzeitig mit einem betörenden Duft begleiten. Kein Wunder, dass die strengen Klosterregeln in Bellapaís vernachlässigt wurden. Bevor das geahndet werden konnte, mussten die Mönche im 16. Jahrhundert vor den Osmanen fliehen. Unschlagbar romantisch wird es hier abends, wenn draußen auf der Terrasse des Restaurants Kybele, das im Cellarium der Abtei untergebracht ist, die Gäste bei klassischer Pianomusik dinieren, mit Blick auf die beleuchteten Mauern der Abtei und den Sternenhimmel darüber.

FAULENZEN ERWÜNSCHT

Der sich beschaulich in die Klosterumgebung fügende Ort Bellapaís war in den 1950er-Jahren auch Wohnsitz von Lawrence Durrell, der als Schriftsteller und britischer Beamter mit seinem Buch „Bittere Limonen“ nicht nur ein gelungenes Sittenbild der damaligen Gesellschaft Zyperns schuf, sondern auch

»DIE WILDESEL ZYPERNS SIND GESELLIG UND LEBEN IN KLEINEN GRUPPEN.«

Wildesel-Flyer von Nord-Zypern-Tourismus

einen ebenso spannenden Reiseführer. Da trifft es sich gut, dass der Brandy Sour auf der Insel als eine Art Nationalcocktail aus der britischen Kolonialzeit überdauert hat und man für ein Gläschen gern der Empfehlung Durrells zur Rast unter dem alten Maulbeerbaum in der Taverne gleich gegenüber der Abtei folgt. „Falls Sie hier zu arbeiten gedenken, setzen Sie sich nicht unter den ‚Baum des Müßigganges‘. … Sein Schatten macht den Menschen unfähig zu ernster Arbeit. Die Bewohner von Bellapaís gelten von alters her als die faulsten Leute der Insel. Sie sind alle Grundbesitzer, Kaffeetrinker und Kartenspieler. Deshalb werden sie auch so alt.“ Wer hier also freudig im Baumschatten Platz nimmt, wird Durrell Recht geben müssen und den Müßiggang einfach nur hemmungslos genießen.

Rund tausend verwilderte Nachkommen von Eseln, die bei der Invasion 1974 freigelassen wurden, prägen das Landschaftsbild der Karpas-Halbinsel ebenso wie die schroffen Kalkformationen des östlichen Ausläufers des Pentadáktylos-Gebirges.

Ruinen und Ausgrabungen auch auf dem Karpas: ehemalige Kirche Ágios Fílon bei Dipkarpaz (links) und Mosaikboden der Dreifaltigkeitsbasilika Agía Triás im gleichnamigen Dorf

ZUR **SACHE**

Wiedervereinigung

GLÜCKSNEST IM NIEMANDSLAND

Im Dorf Pýla, das direkt in der Pufferzone liegt, leben griechische und türkische Zyprer von jeher meist friedlich zusammen. Es gibt zwei Bürgermeister, zwei Kaffeehäuser, zwei Schulen, eine große Kirche und eine Moschee.

Beim Kartenspielen im türkischen Kaffeehaus spielt die Frage Grieche oder Türke keine Rolle – jedenfalls nicht in Pýla.

Zwölf Uhr mittags in Pýla: Eine griechische Taverne, ein türkisches Kaffeehaus und ein Pub mit dem vielsagenden Namen Happy Nest haben ihre Terrassen zum kleinen Dorfplatz hin geöffnet. Bei 35 Grad sitzen hier nur ein paar ältere Herren im Schatten und trinken Kaffee. Auf den ersten Blick ist das 16 km nordöstlich von Lárnaka gelegene Pýla ein unscheinbares Dorf, wie es viele auf Zypern gibt – wären da nicht die UN-Fahrzeuge auf dem Dorfplatz. Denn Pýla ist einer von vier Orten, die direkt in der Pufferzone zwischen türkischem und griechischem Inselteil liegen, also im Zuständigkeitsbereich der UN. Als wäre das nicht ungewöhnlich genug, leben in Pýla, anders als in den anderen Dörfern im Niemandsland, 1100 Griechen und 600 Türken auf engstem Raum friedlich zusammen, seit Jahrzehnten bereits. Ein Dorf, in dem die Teilung nie stattgefunden hat? Wie kann das sein?

KOMPLEX, ABER FRIEDLICH

Aufklärung bringt ein Besuch bei Simos Mytides. Der Endfünfziger ist griechischer Bürgermeister von Pýla. Er sei für alle Belange im Ort zuständig, denn Pýla gehöre verwaltungstechnisch zur Republik Zypern, erklärt er. Sein türkischer Kollege Veysal Güden kümmere sich um die Belange der Zyperntürken, sofern diese mit dem von der Türkei besetzten nördlichen Gebiet zu tun haben, das als eigener Staat international nicht anerkannt ist. Ein Blick auf die Landkarte im Bürgermeisterbüro verdeutlicht schnell die spezielle geografische Lage des Ortes in unmittelbarer Nachbarschaft zur britischen Militärbasis Dhekelia, die Hoheitsgebiet Großbritanniens ist. „Die Türken wollten sich beim Einmarsch 1974 nicht mit den Briten anlegen, indem sie bis nach Pýla vorrücken", erklärt Mytides die komplexe Situation.

Am Dorfplatz ist auch der UN-Posten 129 angesiedelt. „Hauptsächlich erteilen wir Bauern landwirtschaftliche Nutzungsflächen. Wir verhindern aber auch illegales Bauen wie im Sommer 2023, als von türkischer Seite versucht wurde, die Straße durchs Niemandsland nach Pyla zu vergrößern", sagt ein UN-Mitarbeiter. Am 18. August 2023 wurden 3 UN-Blauhelm-Soldaten verletzt, nachdem sie illegale Bauarbeiten in der UN-Pufferzone nahe Pyla durch die Türkei verhindern wollten.

In Pýla haben alle Einwohner einen EU-Pass, womit auch Zyperntürken bereits Europäer sind. Einer von ihnen ist Mehmet. Der ältere Herr trifft sich gern mit anderen Senioren im türkischen Kaffeehaus zum Kartenspielen. Er kann sich noch gut erinnern, wie sie die griechischen Mitbürger bei der türkischen Invasion beschützt haben und wie die Griechen dasselbe für die Türken taten, als diese nach der Teilung nicht in den Norden umziehen wollten. „Wir sind aufeinander zugegangen, haben uns die Hände geschüttelt und sind Freunde geblieben", sagt er.

Simos Mytides, der griechische Bürgermeister von Pýla in seinem Büro

ABWARTEN UND KAFFEE TRINKEN

Ob Pýla deshalb als Vorbild für eine mögliche Wiedervereinigung Zyperns taugt? Mytides ist skeptisch. Das sei ja leider nicht allein die Entscheidung der Zyprer, erklärt er. Unter Aufsicht der UN reden noch die drei Garantiemächte Griechenland, Türkei und Großbritannien mit. „Da kommt viel Druck von außen ins Spiel", meint Mytides und rät, der Rest der Insel solle einfach öfter zusammen Kaffee trinken, damit die Dinge besser laufen.

Außer der orthodoxen Kirche Ágios Geórgios gibt es auch eine Moschee in Pýla.

BESUCH IN PÝLA

Anfahrt von Lárnaka Richtung Norden, über die B3 und die E302 nach Pýla. Ein Schild weist darauf hin, dass man die Pufferzone betritt; Grenzposten muss man hierzu nicht passieren.

www.pyla.com.cy

AKDENİZ
MEDITERRANEAN SEA
Kırpaşa
(Karpasia)
Zafer Burnu
(Akrotirio Apostolos Andreas)
Apostolos Andreas
Golden Beach
Dipkarpaz
(Rizokarpaso)
Ziyamet
(Leonarisso)
Kaplıca
Zeytin Burnu
(Akrotirio Elaias)
Koruçam Burnu
(Akrotirio Kormakitis)
Güzelyalı
Girne
(Keryneia)
Çatalköy
(Agios Epiktitos)
Esentepe
(Agios Amvrosios)
Tatlısu
(Akanthou)
Ardahan
(Ardana)
İskele
(Trikomo)
Lapta
(Lapithos)
Karaman
Camlıbel
(Myrtou)
Akdeniz
(Agia Eirini)
Kozan
(Larnakas)
Agios Ilarion
Belapais
Voufavento
Karaağaç
Tirmen
(Tyrpimeni)
Pınarbaşı
(Krini)
Yılmazköy
(Skylloura)
Değirmenlik
(Kythrea)
Geçitkale
(Lefkoniko)
Akova
(Gypsou)
Gazimağusa Körfezi
Kolpos Ammochostou
Yeniboğaziçi
(Agios Sergios)
Salamis
Moni
Apostolou Varnava
Tuzla
(Egkomi)
Gazimağusa
(Ammochostos)
(Famagusta)
Yayla
Syrianochori
Dar Deresi (Oygos)
Güzelyurt
(Morfou)
Gönyeli
(Kioneli)
Alayköy
(Gerolakkos)
LEFKOŞA
LEFKOSÍA
(NICOSIA)
Kanlı Deresi
(Pediaios)
Paşaköy
(Askeia)
Zümrütköy
(Katokopia)
Astromeritis
Akaki
İnönü
(Sinta)
Vadili
(Vatili)
Dilekkaya
(Agia)
Akdoğan
(Lissi)
Taşköy
(Petra)
Peristerona
Palaiometocho
A9
Kato
Lakatameia
Latsia
Geri
Gaziler
(Pyrogi)
Athienou
Yiğitler
(Arsos)
Deryneia
Paralimni
B9
Vyzakia
Serichais
Tseri
Evrychou
Asinou
Pera
Tamassos
Dali
Akıncılar
(Louroukina)
Troulloi
Pyla
Avgorou
Xylotymvou
Ormideia
Frenaros
Sotira
Liopetri
Xylofagou
A3
Agia Napa
Akrotirio Gkreko
Kakopetria
Stavros tou
Agiasmati
Klirou
Kampia
Agia Varvara
A2
Livadia
Aradippou
Kolpos
Larnakas
Akrotirio
Pyla
Spilia
Lagoudera
Kyperounta
Pelendri
Papoutsa
Machairas
Lythrodontas
Kalo Chorio
Larnaka
Troodos
Pano
Lefkara
A1
Dromolaxia
Kiti
A5
Perivolia
Akrotirio Kiti
Trimiklini
Monagri
B8
Alassa
Choirokoitia
Polemidia
Ypsonas
LEMESOS
Akrotirio
Dolos
Maßstab 1:600.000
0
10km

DIE ANDERE SEITE

Als „Türkische Republik Nordzypern" führt der selbsternannte, international nicht anerkannte Ministaat mit rund 380 000 Einwohnern ein touristisch noch angenehm verschlafenes Dasein mit orientalisch anmutenden Städten wie Famagusta und Kyrénia oder abgeschiedenen Naturparadiesen wie der Karpas-Halbinsel.

Von der Stadtmauer geht der Blick über die Altstadt bis zur Lala-Mustafa-Pascha-Moschee.

1 FAMAGUSTA/GAZIMAĞUSA

Bis 1974 war die Hafenstadt Famagusta (40 900 Einw.) Zyperns Tourismusmetropole mit vielen Strandhotels im Stadtteil Varósia, der nach der Inselteilung zur Geisterstadt verfiel. Von türkischer Seite wird durch eine illegale phasenweise Öffnung für touristische Besuche versucht, politisch das Ende der Sanktionen zu erpressen. Der Charme der heute zweitgrößten Stadt Nordzyperns liegt in ihrer Mischung aus venezianischer Stadtmauer, fränkischer Gotik und osmanischer Kultur.

SEHENSWERT

Die fast vollständig erhaltene, 3 km lange **venezianische Stadtmauer** (15./16. Jh.) umschließt mit 13 Bastionen, See- und Landtor den Altstadtkern, in dem sich prachtvolle Beispiele dafür finden, wie Lusignan-Könige Kirchen im Stil der französischen Gotik schufen. In der **Nikolauskathedrale** – wie die Sophienkathedrale in Nikosia 1326 geweiht – wurden die Lusignans zum König von Jerusalem gekrönt, jeweils nach der Krönung zum König von Zypern in der Sophienkathedrale. Im 16. Jh. eroberten Osmanen die Stadt und bauten die Kathedrale zur **Lala-Mustafa-Pascha-Moschee** um (Lala Mustafa Pascha Sokak; tgl. außerhalb der Gebetszeiten; ohne Schuhe), wovon ein Minarett an der gotischen Zweiturmfassade zeugt. Links der Kathedrale stehen ein 1299 gepflanzter Maulbeerfeigenbaum und ein **Denkmal für Namık Kemal**. Der türkische Nationaldichter (1840–1888) und Gründer der liberalen Zeitung Hürriyet („Freiheit") gilt als Wegbereiter der Reformen Kemal Atatürks. Ein kleines **Museum** im Gefängnisturm (Namık Kemal Sokak; tgl. 9.00–16.45 Uhr) zeigt, wo er 1873–76 wegen kritischer Verse eingesperrt war. Paradebeispiel einer venezianischen Stadtfestung ist das Hafenkastell mit dem runden **Othello-Turm** (1492), in dem sich Shakespeares Drama abgespielt haben soll (Cafer Pascha Sokak; April–Okt. tgl. 8.00 bis 19.00, sonst bis 15.30 Uhr).

In den Kasematten des Hafenkastells, das den Festungsring zum Meer hin verstärkte.

RESTAURANTS

Das €/€€ **Devran Beach** (Palm Beach, Tel. +90 533 8 80 00 50) ist ein schickes Strandrestaurant mit leckeren Fischgerichten. Auch draußen stehen Tische, mit ungewöhnlichem Blick auf den Sandstrand von Varósia und seine Geisterstadt. Die türkische Lira ist sehr instabil, deshalb genau vergleichen, ob man mit Euro beim Bezahlen besser fährt.

Die beste Patisserie Nordzyperns € **Petek Pastanesi** (Yeşildeniz Sokak 1, Tel. +90 392 3 66 71 04, www.petekpastahanesi.com) ist für ihre leckeren Kuchen, Fruchtgelees (Lokum) und Sandwiches bekannt. Besonders schön sitzt es sich je nach Wetter drinnen am Kamin oder Springbrunnen oder auf der Open-Air-Dachterrasse.

Empfehlenswerte Adresse für Süßschnäbel: Patisserie Petek am Seetor

HOTEL

Das moderne Strandhotel €€€ **Arkın Palm Beach** (Nadir Yolu, Deve Limanı, Tel. +90 392 3 66 20 00, www.arkinpalmbeach.com) mit 102 Zi. und Wellnessbereich liegt am Nordende des feinsandigen Strandes von Varósia mit kuriosem Blick auf die Geisterstadt und ihre Hotelruinen.

UMGEBUNG

Salamís (11 km nördl.; April–Okt. tgl. 8.00–19.00, sonst bis 15.30 Uhr), das einst größte Stadtkönigtum Zyperns, ist noch immer nicht vollständig erschlossen. Begründer soll Teukros gewesen sein, Sohn des Königs der griechischen Insel Salamís, der nach der Zerstörung Trojas hier auf Zy-

pern einen Zeus-Tempel errichtete. Zu den Highlights des wichtigsten Ausgrabungsgebiets der Insel gehören das Gymnasium, dessen Marmorsäulen noch stehen, das Theater, das zu römischen Zeiten 15 000 Besucher fasste und noch heute für Konzerte oder Schauspiele genutzt wird, sowie die Königsgräber. Funde aus Salamís sind im nahegelegenen Museum des **St.-Barnabas-Klosters** ausgestellt. Die dem ersten Bischof Zyperns geweihte Klosterkirche verfügt über farbenprächtige Wandgemälde (April–Okt. tgl. 9.00 bis 20.00, sonst 9.00–12.30, 13.30–16.45 Uhr).
Das Dorf **Pýla** (37 km südwestl.), das verwaltungstechnisch zum griechisch-zyprischen Teil gehört, ist das einzige Dorf in der Pufferzone, in dem Griechen und Türken gemeinsam zusammenleben.

INFORMATION

Famagusta Tourist Information,
Innenseite des Landtors (Akkule),
Fevzi Cakmak Bulvari 5, Tel. +90 392 3 66 28 64,
www.famagusta.org.cy;
Famagusta Walled City, mit interessanten Infos zu Gebäuden und Stadtgeschichte,
http://famagustawalledcity.com

2 KYRÉNIA/GIRNE

Vor dem Hintergrund des Pentadáktylos-Gebirges (Fünffingergebirge) liegt Kyrénia (33 200 Einw.) malerisch um eine hufeisenförmige Hafenbucht. Boote, Restaurants, Bars und kleine Hotels sowie Bauten aus venezianischer, osmanischer und britischer Zeit machen das ausgeprägt mediterrane Flair der Hafenstadt aus. Schon im 10. Jh. v. Chr. war Kyrénia ein Stadtkönigreich. Ende der 1950er-Jahre betrieb die spätere Schauspielerin und Kabarettistin Lotti Huber hier das Hafenlokal Octopus, über das sie in ihrer Autobiografie „Diese Zitrone hat noch viel Saft" schrieb. 1974 legten in Kyrénia die Invasionstruppen der nur 70 km entfernten Türkei an.

Die Kreuzfahrerfestung St. Hilarion diente den Lusignans einst als Sommerresidenz.

SEHENSWERT

In der im 7. Jh. von Byzantinern auf römischen Fundamenten errichteten, später mehrfach vergrößerten **Hafenfestungsanlage** verbergen sich neben Verliesen auch eine Kapelle (12. Jh.), ein kleines **archäologisches Museum** und das **Schiffswrackmuseum** (März–Nov. tgl. 9.00–14.00, 17.00 bis 19.00, sonst 9.00–13.00, 14.00–16.45 Uhr). Hier wird das „Schiff von Kyrénia", ein um 300 v. Chr. gesunkener Frachtensegler, mit Teilen seiner Ladung konserviert.

Das Hafenkastell in Kyrénia ist die größte und besterhaltene Festung auf Zypern.

RESTAURANT

Das **€€€ Kybele** (Şehit Fuat Niyazi Sokak, Bellapaís, Tel. +90 392 8 15 75 31, www.kybele.biz) ist ein romantisches Restaurant im Cellarium der Abtei Bellapaís. Bei Pianomusik und mit herrlichem Blick auf die Klosterruine kann man auch im Freien speisen.

HOTELS

Das Hotel **€€€/€€€€ Bellapais Gardens** liegt direkt unterhalb der Abtei, das **€€€ Gillham Luxury Boutique & Vineyard**, Zyperns erstes und einziges Weingut-Hotel, 17 km westl. von Kyrénia (beide s. S. 115).
Im Zentrum von Kyrénia wurde erst 1998, aber im Kolonialstil das **€€€ Arkin Colony** errichtet (Ecevit Caddesi, Tel. +90 392 6 50 06 50, www.thecolonycyprus.com), mit 90 Zi., wunderschönem Dachterrassenpool und Fischrestaurant mit Blick über die Stadt.

UMGEBUNG

Auf einem 250 m hohen Felsvorsprung des Fünffingergebirges thront die **Klosterruine Bellapaís** (6 km südöstl.) inmitten eines mediterranen Gartens mit Zypressen und Orangenbäumen. Die Abtei aus dem 13. Jh. mit ihrem herrlichen Kreuzgang gilt als eines der schönsten gotischen Bauwerke im östlichen Mittelmeer. Im Refektorium finden regelmäßig Konzerte statt. Der britische Schriftsteller Lawrence Durrell lebte in den 1950er-Jahren in Bellapaís und hat dem Ort im Roman „Bittere Limonen" ein Denkmal gesetzt. **St. Hilarion** (11 km südwestl.), ein im 9./10. Jh. auf einem 730 m hohen Felsen des Fünffingergebirges errichtetes Kloster, wurde nach dem hl. Hilarion benannt, einem Eremiten der hier im 6. Jh. in einer Höhle lebte. Die heute halb verfallene, über drei Ebenen reichende Burg, die im 11. Jh. aus dem Kloster hervorging, verdankt ihr Aussehen den Lusignan-Herrschern, die sie als „Schloss der tausend Gemächer" bekannt machten (April–Okt. tgl. 9.00–17.00, sonst bis 15.00 Uhr). In absoluter Bergeinsamkeit liegt die **Burgruine Buffavento**, „die dem Wind Trotzende" (24 km südöstl.), in 954 m Höhe an einem nicht leicht zu erreichenden Steilhang; der Ausblick ist so windig wie fantastisch. Die kleine **Klosterkirche Antifonítis** (12. Jh.; 34 km östl.), oberhalb von Esentepe, war reich an Fresken, von denen jedoch einige, wie das Jüngste Gericht und die Wurzel Jesse, bei einem Raub stark beschädigt wurden. Sie befinden sich heute im Byzantinischen Museum Nikosia. Die ausgekratzten Augen einiger Heiliger in der Kirche gehen nicht auf die Kunsträuber zurück, sondern sind das Werk von Einheimischen, von denen bis in die 1950er-Jahre viele an einer Augenkrankheit litten; sie beschädigten die Bildnisse aus Aberglauben. Heute gibt es einen Kirchenwächter, der auch ein kleines Café betreibt (April–Okt. 8.00–17.00, sonst bis 15.30 Uhr).
Auf Erkundungsfahrt durch die Region westl. von Kyrénia lohnt das hübsche Dorfcafé des Bilderbuchdorfs **Kármi/Karaman** (7 km südwestl.) ei-

WEGEZOLL FÜR LANGOHREN

Der Proviant auf dem Beifahrersitz von Lena und Paul hat keine Chance; ohne Wegezoll geben die etwa tausend Langohren im Naturschutzgebiet von Karpas die Straßen nicht frei. Ehe sie sich's versehen, hat ein Esel seinen Kopf ins geöffnete Beifahrerfenster der beiden Stuttgarter Urlauber gesteckt, um einen Apfel aus der Tüte zu klauen. Für Eselfans wie die beiden ist es ein Riesenspaß, die frechen Nachfahren verwilderter Hausesel zu erleben. Als griechisch-zyprische Bauern den Karpas 1974 verlassen mussten, blieben ihre Esel herrenlos zurück und schlossen sich ihren verwilderten Genossen an.

www.nordzypern-touristik.de/articles/wildesel

nen Abstecher. Über **Myrtou/Çamlıbel** (29 km westl.) mit dem „Blauen Haus" (Mavi Köşk) gelangt man zum Maronitendorf **Kormakítis/Koruçam** (38 km westl.) und weiter zum **Kap Kormakítis** (42 km westl.). Südl. von Myrtou liegen zwei weitere Maronitendörfer: **Karpaşa/Karpáseia** und **Özhan/Asómatos**.

INFORMATION
Girne Turizm Bilgi Ofisi,
im alten Zollhaus am westl. Hafenrand,
Kyrénia, Tel. +90 392 815 21 45,
www.kyrenia.eu

KARPAS-HALBINSEL/KIRPAŞA

Die wie ein Pfannenstiel lang gestreckte Karpas-Halbinsel (24 000 Einw.) ist bekannt für ihre ursprüngliche Landschaft mit Wildeseln und einsamen, teils kilometerlangen Sandstränden. Bis Ende der 1980er-Jahre war sie militärisches Sperrgebiet. Zum Erhalt der Landwirtschaft wurden nach der türkischen Invasion und der Vertreibung zyperngriechischer Grundbesitzer anatolische Bauern aus der Festlandtürkei angesiedelt. Nach der Grenzöffnung 2003 und dem EU-Beitritt Zyperns 2004 fürchteten einige von ihnen, bei einer evtl. Wiedervereinigung zurück in die Türkei zu müssen. Deshalb verkauften sie das Land, das sich offiziell nicht in ihrem Besitz befand, an Immobilienspekulanten. Nun ziehen sich etliche Apartmentsiedlungen an der Küste entlang, mit Wohnungen, die oft weder über Wasser- noch Stromanschluss verfügen, aber günstig zu haben sind.

SEHENSWERT
Wichtigste Stadt auf der Halbinsel ist **Rizokárpaso/Dipkarpaz** (5500 Einw.), wo eine Minderheit von älteren griechischstämmigen Zyprern lebt. Früher florierten Seidenzucht und Tabakanbau, heute wird vornehmlich Gemüse angebaut. 3 km nordwestl. stehen die Ruinen der frühchristlichen **Basilika Ágios Fílon** am Meer. Die Überreste einer weiteren Basilika mit gut erhaltenen Bodenmosaiken finden sich in **Agía Triás/Sipahi** (28 km südwestl.).
Das **Andreas-Kloster** (19./20. Jh.; 25 km nordöstl.) ist wegen seiner Quelle wichtiger Wallfahrtsort der zyprisch-orthodoxen Kirche und wird auch Lourdes von Zypern genannt. Großer Pilgertag für Gläubige aus dem Inselsüden ist der Andreastag (30. Nov.).
Der **Golden Beach** (s. S. 23) an der Spitze der Halbinsel hat goldfarbene Dünen und einsame Strandbuchten, die auch von Meeresschildkröten zur Eiablage aufgesucht werden.

UNTERKUNFT
Frühstückseier frisch aus dem Nest holen, Ziegen melken und mit dem Schäfer um die Weidezäune ziehen: In **Komi Kebir/Büyükkonuk**, dem ersten Ökodorf des Nordens, kann man spontan mit ins Dorfleben eintauchen. Nachdem sich die Einwohner hier einem nachhaltigen Lebensstil verschrieben hatten, startete 2006 ein mit 1,8 Mio. Euro gefördertes EU-Pilotprojekt, bei dem Häuser und Gästewohnungen für naturverbundene Touristen renoviert und eine alte Ölmühle wieder in Betrieb genommen wurden (Eco-Tourism Association, Tel. +90 533 850 57 58, www.ecotourismcyprus.com).

INFORMATION
www.nordzypern-touristik.de

DAS GROSSE SCHLÜPFEN

Allem Anfang wohnt ein gewisser Zauber inne. Ganz besonders, wenn sich frisch geschlüpfte Schildkötenbabys eilig auf den Weg vom Strand ins Meer machen. Doch im Meer warten viele Gefahren, bis die Reptilien mit zwanzig Jahren geschlechtsreif werden und zur Eiablage an den Strand zurückkehren: Fischernetze, Bootsschrauben und jede Menge Plastiktüten, die von den Tieren fatalerweise für Quallen gehalten werden, ihre Lieblingsspeise.

„Nur eine von tausend wird überleben", sagt ein Mitarbeiter des Schildkrötenschutz- und Forschungszentrums am Alagadi Beach, knapp 20 km östl. von Kyrénia. Biologen und freiwillige Helfer haben es sich hier zur Aufgabe gemacht, die vom Aussterben bedrohten Grünen Meeresschildkröten und Unechten Karettschildkröten auf ihrem Weg ins Leben zu unterstützen.

Von fast neunzig Stränden auf Zypern, die als Eiablageplätze gelten, ist Alagadi Beach besonders gut erschlossen. Touristen können die Tierschützer hier nachts begleiten, um den Meeresschildkröten bei der Eiablage oder den Babys beim Schlüpfen zuzusehen. Der weitläufige Sandstrand ist zum Schutz der Tiere ab 20 Uhr gesperrt. Nur tagsüber darf hier gebadet werden. Dann

Am Alagadi Beach kann man Schildkröten nachts beim Schlüpfen zusehen.

liegen zwischen den zum Schutz der Schildkrötennester aufgestellten Drahtgestellen immer mal wieder ein paar Badegäste. An den Drahtgittern sind kleine Infozettel angebracht, denn nach etwa acht Wochen wollen die Tierschützer darauf vorbereitet sein, wenn das große Schlüpfen beginnt.

Die Teilnahme an den **Nachtexkursionen** (20. Mai–30. Sept.) ist gratis, eine Spende erwünscht. Die Gruppen sind auf 17 Pers. begrenzt, Anmeldung wird empfohlen.
Alagadi Sea Turtle Conservation and Research Centre,
Barbaros Sokak 5, Alagadi Village, Tel. +90 533 872 53 50,
www.cyprusturtles.org

Die originellsten Unterkünfte

AB INS HINTERLAND!

Zypern hat sich nicht unbedingt einen guten Namen mit schönen Strandhotels gemacht. Wer Betonbettenburgen meiden will und auf Strand verzichten kann, findet im Landesinneren Unterkünfte mit besonderem Flair: im Weinberg, beim Künstler, im restaurierten Bergdorf, im ehemaligen Kloster oder in einer Mühle. Mehr Adressen unter www.agrotourism.com.cy oder www.cyprusvillages.com.cy.

1

EUPHORIA ART LAND

Wie in einer bunten Traumlandschaft erinnern die drei Künstlerhäuser des Euphoria-Art-Land-Projekts mit ihren farbenfrohen Mosaiken und organisch dahinfließenden Formen an Werke von Antoni Gaudí oder Friedensreich Hundertwasser. Entworfen hat die Unterkünfte aus recycelten Materialien jedoch der zyprische Innenarchitekt Anthos Myrianthous. Er hat sich bei seinem Projekt in Pyrgos bei Limassol bei den Gebäuden stilistisch immer wieder von seinen Auslandsreisen nach Marokko, Äthiopien und Mexiko inspirieren lassen.

Vasilikon 76, 4529 Limassol-Pyrgos, Tel. +357 97 74 30 42, http://euphoria-art-land-the-blue-house.cyprushotel.net

CASALE PANAYIOTIS

Das Bergdorf Kalopanagiótis auf der Nordseite des Tróodos-Gebirges war bis ins 20. Jahrhundert von Landwirtschaft geprägt; dann mussten auch hier die Dörfler zum Arbeiten in die Städte ziehen. John Papadouris wollte nicht zusehen, wie sein Dorf vor die Hunde ging und ließ für das Agrotourismusprojekt Casale Panayiótis sieben historische Häuser aufwendig renovieren. Mit EU-Hilfe gelang es, die architektonische und kulturelle Identität des Ortes zu bewahren. Inzwischen kehren auch junge Familien ins Dorf zurück.

Ayias Marinas 14, 2862 Kalopanagiótis, Tel. +357 22 95 24 44, www.casalepanayiotis.com

3

BELLAPAÍS GARDENS

Sich als Urlauber luxuriös in einem Kloster einzuquartieren, ist auf Zypern kaum möglich. Doch es gibt einen besonders schönen Platz direkt unterhalb der Abtei von Bellapaís, am Rande des gleichnamigen Dorfes im Norden Zyperns. Im Bellapaís Gardens wohnt man in einem von 17 modern gestalteten Bungalows mit von Zitronenbäumen gerahmtem Pool. Darüber thront die pittoreske Klosterruine aus dem 13. Jahrhundert so zauberhaft wie in einem Landschaftsgemälde aus der Zeit der Romantik.

Crusader Road 7,
99420 Bellapaís,
Tel. +90 392 815 60 66,
www.bellapaisgardens.com

SECRET FOREST WELLNESS RETREAT

Die Geschichte des Hotels ist lang: 1649 begannen zwei heilkundlich versierte Brüder Behandlungen im damaligen Kloster von Milioú anzubieten, ohne Geld dafür zu verlangen. Daher rührt der frühere Name Anargyri – ohne Silber. Ganz „ohne Silber" bekommt man die Anwendungen freilich nicht mehr, seit das Haus als Spa-Resort betrieben wird. Doch noch immer können die Gäste vom gesundheitsfördernden Wasser der Schwefelquellen an dem beschaulichen Rückzugsort inmitten von uraltem Baumbestand profitieren.

8726 Miliou,
Tel. +357 26 81 40 00,
https://secretfo.rest/en

5

THE MILL HOTEL

Am rauschenden Bergbach mit Ausblick ins Tróodos-Gebirge liegt das Mühlen-Hotel von Kakopetría, der bekannten Stadt der Balkone mit ihren überdachten hölzernen Erkern. Das Haus mit 14 Zimmern wurde in den 1980er-Jahren stilecht wie eine hohe Trutzburg aus verschachteltem dunklen Holz gebaut. Und wie es sich für ein Mühlenhotel am Bergbach gehört, kann man im hauseigenen Restaurant leckere Forellen essen.

Milos Street 8,
2810 Kakopetriá,
Tel. +357 22 92 25 36,
www.millhotelcyprus.com

GILLHAM VINEYARD

Beaujolais-Suite und Rosé-Suite heißen zwei der 31 modern eingerichteten Suiten, von denen man direkt auf die Weinberge blickt. Zyperns einziges Weinguthotel am Rand des pittoresken Dorfes Ilgaz ist von Pinienwäldern umgeben und doch nur eine Viertelstunde vom Meer entfernt. Neben einem Restaurant gibt es auch ein Spa mit Weinanwendungen. Schließlich war schon in der Antike bekannt, dass Traubensaft der Haut zu einem frischen Aussehen verhilft.

Kavakli Sokak 1, Ilgaz,
9900 Kyrénia,
Tel. +90 533 871 70 70,
https://gillhamvineyard.com

HIFLREICH & NÜTZLICH

Keine Reise ohne Planung. Auf den folgenden Seiten haben wir Interessantes und Wissenswertes für Ihren Aufenthalt auf der Insel Zypern zusammengestellt.

ANREISE

Für EU-Bürger und Schweizer Staatsangehörige ist ein Aufenthalt in beiden Teilen Zyperns mit gültigem **Reisepass** oder **Personalausweis** für drei Monate möglich.
Für den **innerzyprischen Grenzübertritt** sind derzeit neun Übergänge rund um die Uhr geöffnet (s. Mietwagen).
Nach **Südzypern** gibt es zahlreiche Direktflüge von Deutschland, Österreich und der Schweiz nach **Lárnaka** und bisweilen auch nach **Páfos**. Lufthansa fliegt mehrmals die Woche non-stop von Frankfurt und München (www.lufthansa.com). Reisende aus Österreich fliegen mit Austrian Airlines ab Wien (www.austrian.com), aus der Schweiz mit Edelweiss Air von Zürich (www.flyedelweiss.com). Im Angebot sind zudem einige Billig- und Charterflüge. Bei Direktflug liegt die **Flugzeit** bei knapp 4 Std.

Sightseeing mit dem Doppeldeckerbus

Flüge nach **Ercan** (nahe Nikosia) in **Nordzypern** sind wegen internationaler Bestimmungen nur mit Zwischenstopp in der Türkei (meist Istanbul) möglich.

AUSKUNFT

Zypern Tourismus
Schillerstraße 31
60313 Frankfurt am Main
Tel. 069 25 19 19
www.visitcyprus.com

Nord Zypern Tourismus Zentrum
Joachimsthaler Straße 10–12
10719 Berlin
Tel. 030 88 92 94 84
www.nordzypern-touristik.de

AUTOFAHREN

Straßenverkehr: Auf ganz Zypern herrscht Linksverkehr. Die meisten Wegweiser sind zweisprachig beschriftet: englisch und griechisch bzw. englisch und türkisch. Die erlaubte Höchstgeschwindigkeit liegt in geschlossenen Ortschaften bei 50 km/h, auf Landstraßen bei 80 km/h und auf Autobahnen bei 100 km/h. Im Straßenverkehr gilt eine 0,5-Promille-Grenze.
Mietwagen: Fahrer müssen in der Regel mindes-

GESCHICHTE

9./8. Jt. v. Chr.: Erste Besiedlung in der Jungsteinzeit
12./11. Jh. v. Chr.: Griechen vom Peloponnes besiedeln Zypern.
Ab 9. Jh. v. Chr.: Von Griechen und Phöniziern gegründete Städte entwickeln sich zu Stadtkönigreichen.
58 v. Chr.: Die Insel wird römische Provinz.
395 n. Chr.: Zypern wird Teil von Byzanz.
1191: Richard Löwenherz erobert die Insel. Bald darauf wird Zypern an den Templerorden verkauft.
1192: Guy de Lusignan kauft Zypern von den Templern; die 300-jährige Dynastie der Lusignans beginnt.
1489: Die Insel fällt an Venedig.
1570/71: Einnahme durch Sultan Selim II.
1878: Zypern wird unter Anerkennung der türkischen Hoheitsrechte an die Briten abgetreten.
1914: Die Briten annektieren die Insel.
1925: Zypern wird britische Kronkolonie.
Ab 1930: Griechische Zyprer suchen den Anschluss an Griechenland (Enosis).
1955: Beginn des Guerillakampfs gegen die britische Herrschaft
1960: Zypern wird unabhängig; Erzbischof Makarios III. wird erster Staatspräsident.
1963/64: Spannungen und Straßenkämpfe zwischen griechischen und türkischen Zyprern; Einsatz von UN-Friedenstruppen
1974: Putschversuch der von griechischen Offizieren geführten zyprischen Nationalgarde gegen Präsident Makarios; Invasion der türkischen Armee an der Nordküste, faktische Teilung der Insel
1983: Die „Türkische Republik Nordzypern" erklärt ihre Unabhängigkeit.
2002: Die UNO plädiert für die Umwandlung Zyperns in einen Bundesstaat nach Schweizer Vorbild. Der Plan scheitert am türkischen Widerstand.
2003: Das Parlament des griechischen Teils votiert für einen EU-Beitritt.
2004: Volksabstimmung über einen modifizierten UN-Plan zur Wiedervereinigung. Die Zypern-Griechen stimmen dagegen, die Zypern-Türken dafür. EU-Beitritt der Republik Zypern. Zuvor billigt die EU eine Kooperation mit den Behörden Nordzyperns, ohne Staatsanerkennung.
2008: In der Republik Zypern wird der Euro eingeführt.
2013: Eine Staatspleite wird durch den EU-Rettungsschirm abgewendet.
2017: Der Versuch der UN, zusammen mit Zyperns Garantiemächten (Griechenland, Türkei, Großbritannien) eine Staatenlösung für Gesamtzypern zu finden, scheitert.
2019: Nach großen Erdgasfunden südl. von Zypern entbrennt unter den Anrainerstaaten Streit um Bohrungsrechte, auch zwischen der Türkei und der Republik Zypern.
2020: Um den Nationalisten Ersin Tatar im Präsidentschaftswahlkampf in Nordzypern zu stützen, gibt der türkische Präsident Erdoğan grünes Licht, völkerrechtswidrig einen gesperrten Strandabschnitt in Varósia zu öffnen, der einst griechisch-stämmigen Zyprern gehörte. Dass Tatar gewählt wird, zeigt, dass die Zyperntürken durch die nach 1974 angesiedelten Festlandtürken nur noch eine Minderheit im eigenen Land sind.
Auf Druck der EU stoppt die Republik Zypern ihr Programm der „Goldenen Pässe". Seit 2013 waren zyprische Staatsbürgerschaften und somit EU-Pässe illegal an ausländische Investoren vergeben worden.
2021: Bei den Parlamentswahlen in der Republik Zypern werden die Konservativen der Demokratischen Gesamtbewegung (DISY) stärkste Kraft (27,8 %/17 Abgeordnete), vor der linken AKEL-Partei (22,3 %/15 Sitze).
Das Repräsentantenhaus in Nikosia hat eigentlich 80 Sitze, gewählt werden jedoch nur 56 griechisch-zyprische Abgeordnete. 24 für die türkischen Zyprer vorgesehene Sitze sind nicht vergeben, weil die türkische Volksgruppe wegen der Teilung der Insel nicht an den Wahlen der Republik Zypern teilnimmt.
2023: Nikos Christodoulidis, Unterstützer einer Zwei-Staaten-Lösung, wird zum Präsidenten der Republik Zypern gewählt.

tens 21 Jahre alt sein. Mietfahrzeuge sind an roten Autokennzeichen zu erkennen. Aus versicherungstechnischen Gründen lassen die meisten Mietwagenfirmen keine Grenzübertritte in den jeweils anderen Inselteil zu. Vorsicht: Die an den Übergängen angebotenen zusätzlichen Haftpflichtversicherungen decken keinerlei Schäden am gemieteten Auto selbst.
Wenngleich die politischen Verhältnisse noch immer vertrackt sind, ist es umso erfreulicher, dass der Mietwagenvermittler Sunny Cars als bislang einziger Anbieter für den Südteil der Insel eine Ohne-Kaution-Option eingeführt hat. Hier muss keine Kreditkarte mehr vorgelegt werden, auf der ein Geldbetrag geblockt wird. Neben Vollkaskoschutz und unbegrenzter Kilometerzahl ist auch ein Zusatzfahrer enthalten. Ohne-Kaution-Paket ab Lárnaka, Limassol oder Páfos z. B. für ein Fahrzeug vom Typ Hyundai i10 zum Wochenpreis ab 198 € (www.sunnycars.de).

ESSEN UND TRINKEN

Vorspeisen: Beliebt sind Mezé, gemischte Vorspeisen in bis zu 30 Variationen, z. B. gefüllte Weinblätter, kleine gebratene Fische oder frittierte Tintenfische, serviert mit Pita-Brot und verschiedenen Dips. Halloumi – der charakteristische „Quietschekäse" aus Ziegen-, Schaf- oder Kuhmilch, wird meist gegrillt aufgetischt.

Typische zyprische Vorspeise: gegrillter Halloumi mit Tomatenmarmelade und Pita-Brot

Hauptspeisen: Hier kommt vor allem Fleisch auf den Tisch wie Ofto Kléftico, im Tonofen gegartes Lamm- oder Ziegenfleisch mit Kartoffeln. Ebenfalls aus dem Ofen: Moussaka, ein Auflauf aus Auberginen, Zucchini, Kartoffeln, Hackfleisch und Béchamelsoße. Für Souvláki werden Würfel von Hühner-, Schweine- oder Lammfleisch am Spieß auf dem Holzkohlegrill gebraten. Afélia, in Rotwein mariniertes Schweinefleisch, das mit grob zerquetschtem Koriandersamen gekocht wird, gibt es nicht im türkischen Norden. Kalamari und Meeresfisch werden gegrillt und nur mit Zitrone beträufelt.
Nachspeisen sind meist süß und klebrig. Loukoumi, Geleewürfel aus mit Stärke eingedicktem Sirup, erhalten den typischen Geschmack durch Rosenwasser, Zitrone oder Mastix. Soutzoukos sind an einem Faden aufgezogene Mandeln, die mehrmals in Weintraubenmus getaucht und an der Sonne getrocknet wurden. Mahalepi ist ein Reispudding mit Rosenwasser.
Getränke: Lokaltypische Alkoholika sind der Commandaria, ein sherryähnlicher Dessertwein (s. S. 56), der Zivania, ein Tresterbrand aus vergorenem Traubentrester, der Anisschnaps Oúzo/Rakı sowie Brandy Sour, der einst von den Briten eingeführte inoffizielle Nationalcocktail.
Ausgewählte **Restaurantadressen** finden sich auf den Infoseiten – in folgenden Preiskategorien:

In der ersten Reihe: Stimmungsvoller Platz zum Abendessen am Hafen von Ayia Nápa

PREISKATEGORIEN

€€€€	Hauptgerichte	über 25 €
€€€	Hauptgerichte	20–25 €
€€	Hauptgerichte	15–20 €
€	Hauptgerichte	bis 15 €

FEIERTAGE UND FESTE

Außer den auch bei uns gängigen gesetzlichen Feiertagen gilt für **Südzypern**: 6. Jan. Epiphánias, orthodoxes Fest der Erscheinung des Herrn; 25. März griech. Unabhängigkeitstag; 1. April zyprischer Nationalfeiertag; 1. Okt. zyprischer Unabhängigkeitstag; 28. Okt. „Ochi", griechisch-zyprischer Nationalfeiertag. **Nordzypern**: 23. April Unabhängigkeitstag; 19. Mai Tag der Jugend und des Sports; 20. Juli Gedenktag Einmarsch türkischer Truppen; 1. Aug. Tag des Widerstands; 30. Aug. türk. Nationalfeiertag; 29. Okt. Gründung der Türkischen Republik; 15. Okt. Proklamation der Türkischen Republik Nordzypern.

GELD

In der Republik Zypern gilt der Euro, in Nordzypern die Türkische Lira TRY (1 Lira = 100 Kuruş). 1 € = 35 TRY; 1 TRY = 0,03 €.
Gängige Kreditkarten werden in den meisten großen Ortschaften akzeptiert.

HOTELS

Pauschalreisende kommen hauptsächlich an der Südküste von Páfos über Limassol und Lárnaka bis Ayia Nápa in größeren Strandhotels unter, oft klotzartige Bettenburgen aus den 1970er- und 1980er-Jahren. In Nordzypern sind inzwischen etliche Hotel-Casinos entstanden. Individueller und charmanter wohnt man im Landesinneren in renovierten Natursteinhäusern oder Bergdörfern, die für den Ökotourismus instandgesetzt wurden (www.agrotourism.com.cy, www.cyprusvillages.com.cy, www.ecotourismcyprus.com).
Einige ausgewählte Unterkünfte – am Strand wie im Landesinneren – werden auf den Infoseiten der einzelnen Kapitel vorgestellt. Dabei gelten die folgenden Preiskategorien:

PREISKATEGORIEN

€€€€	Doppelzimmer	über 200 €
€€€	Doppelzimmer	150–200 €
€€	Doppelzimmer	100–150 €
€	Doppelzimmer	bis 100 €

Glaspaläste an der Uferpromenade zeugen vom Wirtschaftsaufschwung in Limassol.

Tauchen in der Green Bay bei Protarás

REISEZEIT

Das subtropisch-mediterrane Klima macht Zypern zum perfekten Ganzjahresziel. Während im Frühjahr und Herbst (März bis Mitte Mai, Okt., Nov.) bei Tagestemperaturen von 19 bis 28 Grad das Wetter zum Wandern, Biken und für Ausflüge ideal ist, dauert die Badesaison bei Wassertemperaturen von 19 bis 26 Grad von Mitte Mai bis Nov. Von Juni bis Sept. ist es sehr trocken und warm, die Tagestemperaturen erreichen durchschnittlich 32 Grad, im Aug. bisweilen mehr als 40 Grad. Angenehmer ist es in dieser Zeit im Tróodos-Gebirge. Auch im Winter herrschen mit durchschnittlich 12 Grad auf Zypern noch milde Temperaturen, allerdings fällt im Dez., Jan. und Feb. der meiste Regen auf der Insel, im Tróodos-Gebirge oft sogar Schnee.

SPORT

Wandern: Speziell das Tróodos-Gebirge verfügt über ein weitverzweigtes Netz an Wanderwegen. Einzigartige Natur findet man auf der Akámas-Halbinsel im Westen wie auch um Kap Gréko im Osten oder auf der Karpas-Halbinsel in Nordzypern. In beiden Landesteilen sind Wanderwege gut beschildert und meistens gepflegt.
Radfahren: Die Routen im Tróodos-Gebirge sind ein Paradies für geübte Radler und Mountainbiker. In allen Touristenorten des Südens finden sich Verleihstationen.
Golf: Zypern verfügt über sechs 18-Loch-Golfplätze (www.cgf.org.cy).
Segeln und Wassersport: In den meisten größeren Badeorten gibt es eine Marina, bei der man Boote chartern oder für Ausflüge buchen kann. Surfbretter, Kanus, Paddel- und Tretboote gibt es im Süden an jedem belebten Strand zu leihen. Die meisten Strände des Nordens sind Natur pur.
Tauchen: Das Fehlen von Plankton sorgt für ausgezeichnete Sicht. Rund fünfzig Fischarten, seltene Meeresschildkröten sowie Schiffswracks gilt es zu entdecken (http://cyprusdiving.org.cy).

SPRACHE

Amtssprachen in der Republik Zypern sind Griechisch und Türkisch, Verkehrssprache ist Englisch. Amtssprache in Nordzypern ist Türkisch. In beiden Landesteilen sind Straßenschilder, Hinweistafeln, Speisekarten etc. meist mehrsprachig gehalten.

TELEFON

Aus dem Ausland muss bei Anrufen in die Republik Zypern die internationale Landesvorwahl +357 gewählt werden. Die Nordzypern-Vorwahl aus dem Ausland (immer via Türkei) ist +90 392. Wer mit dem Handy telefonieren will, kann sich eine Prepaid-Karte mit zyprischer Nummer kaufen. WLAN/WiFi steht in beiden Landesteilen in fast allen Hotels, Cafés und Restaurants kostenfrei zur Verfügung.

WETTERDATEN

Limassol	MITTLERE TAGES-TEMP.	MITTLERE NACHT-TEMP.	TAGE MIT NIEDER-SCHLAG	SONNEN-STUNDEN PRO TAG
Januar	17 °C	8 °C	10	6
Februar	17 °C	7 °C	8	6
März	19 °C	8 °C	7	8
April	23 °C	10 °C	3	9
Mai	27 °C	14 °C	1	11
Juni	30 °C	18 °C	0	12
Juli	33 °C	20 °C	0	12
August	33 °C	20 °C	0	12
September	31 °C	18 °C	0	11
Oktober	28 °C	16 °C	2	9
November	23 °C	12 °C	5	8
Dezember	19 °C	9 °C	9	6

ZEIT

Die Republik Zypern wechselt zwischen Winter- und Sommerzeit; es gilt MEZ/MESZ + 1 Std. Der türkische Norden hat seit 2016 ganzjährig die Arabische Standardzeit (ASZ); es gilt MEZ + 2 Std. und MESZ + 1 Std.

ZOLL

Für die Republik Zypern gelten die Bestimmungen der EU. Die Einfuhr gefälschter Designer-Waren aus dem Norden ist untersagt. Im Norden ist die Ausfuhr von Antiquitäten, Steinen, Fossilien und alt aussehenden Gegenständen untersagt.

Im Café am Dorfplatz in Ómodos, den viele für den schönsten der ganzen Insel halten.

REGISTER

Fette Ziffern verweisen auf Abbildungen

IMPRESSUM

2. Auflage 2024

Verlag: DuMont Reiseverlag, Postfach 3151, 73751 Ostfildern, Tel. 0711/4502-0, www.dumontreise.de
Geschäftsführer(in): Dr. Stephanie Mair-Huydts, Markus Schneider
Programmleitung: Andrea Wurth
Redaktion: Achim Bourmer
Text: Margit Kohl
Exklusiv-Fotografie: Georg Knoll
Titelbild: Huber Images/Richard Taylor (Kapelle am Hafen von Protarás)
Zusätzliches Bildmaterial: S. 3 u., 7 o. M.: Margit Kohl; 8/9: laif/Günter Standl; 57 u.: Anama Concept; 71 o. r., 89 o. l., 89 u., 90, 109 o., 120 l., 120 r., 121 u. l.: Margit Kohl
Grafische Konzeption: CYCLUS · Visuelle Kommunikation, Stuttgart
Layout: Stephanie Isensee/fpm factor product münchen
Kartografie: © MAIRDUMONT GmbH & Co. KG, Ostfildern
Illustration: S. 6, 22, 36, 114: Grazyna Ostrowska-Henschel
DuMont Bildarchiv: Marco-Polo-Straße 1, 73760 Ostfildern, Tel. 0711/4502-0, bildarchiv@mairdumont.com

Für die Richtigkeit der in diesem DuMont Bildatlas angegebenen Daten – Adressen, Öffnungszeiten, Telefonnummern usw. – kann der Verlag keine Garantie übernehmen. Nachdruck, auch auszugsweise, nur mit vorheriger Genehmigung des Verlages. Erscheinungsweise: vierteljährlich.

Anzeigenvermarktung: MAIRDUMONT MEDIA, Tel. 0711/4502-0, media@mairdumont.com, http://media.mairdumont.com
Vertrieb Zeitschriftenhandel: PARTNER Medienservices GmbH, Postfach 810420, 70521 Stuttgart, Tel. 0711/7252-212, Fax 0711/7252-320
Vertrieb Abonnement: Leserservice DuMont Bildatlas, Zenit Pressevertrieb GmbH, Postfach 810640, 70523 Stuttgart, Tel. 0711/82651-265, Fax 0711/82651-333, dumontreise@zenit-presse.de
Vertrieb Buchhandel und Einzelhefte: MAIRDUMONT GmbH & Co KG, Marco-Polo-Straße 1, 73760 Ostfildern, Tel. 0711/4502-0, Fax 0711/4502-340
Reproduktionen: PPP Pre Print Partner GmbH & Co. KG, Köln

Printed in Germany

Urlaub erinnern …

Souvenirs können einen zurückversetzen an einen schönen Ort der Reise. Nicht immer muss man dafür Geld ausgeben. Manchmal reicht auch ein Fundstück aus der Natur – oder die Erinnerung an einen magischen Moment.

STEINCHEN DER LIEBE

Das Meer hat sie schön rund geschliffen, die hellen Kieselsteine am Aphrodite-Strand Pétra tou Romioú. Rituale gibt es hier, am Geburtsort der Liebesgöttin Aphrodite, viele. Ein paar dieser Kieselsteinchen heimlich in die Tasche einer oder eines Geliebten gesteckt, das verspricht zwar nicht ewige Jugend, dafür aber ewige Liebe.

ZÄPFCHEN FÜR ZÄPFCHEN

Beim Wandern im Tróodos-Gebirge sind sie auf vielen Wegen zu finden: Schwarzkiefernzapfen. Kein Problem, wenn es einem nicht gelingt, daraus ein Körbchen zu basteln, wie man sie auf Zypern in einigen Lokalen findet. Auf dem nächsten Adventskranz erinnert ihr Duft an die herrlichen Wälder.

ALLER LASTER SCHÖNSTER ANFANG

„Die Bewohner von Bellapaís gelten von alters her als die faulsten Leute der Insel. Sie sind alle Grundbesitzer, Kaffeetrinker und Kartenspieler. Deshalb werden sie auch so alt", schrieb Lawrence Durrell. Es muss ja kein Maulbeerbaum sein wie auf Zypern. Vielleicht findet sich daheim ein schönes Plätzchen im Schatten einer Kastanie oder Linde, um dem Müßiggang zu frönen.

SPITZENSTÜCKE

Es muss ja nicht unbedingt ein altmodisches Spitzendeckchen wie bei Oma sein. In Léfkara fertigen die Frauen auch schöne Ohrringe oder Anhänger mit Stickmustern, die schon Leonardo da Vinci gefielen. Was einst der Meister der Renaissance kaufte, passt als Schmuck super zur Trachtenmode fürs nächste Volksfest, Wiesn oder Wasen.

SEIDIGE HÜLLE

Eine Kette oder Ohrringe aus kunstvoll verarbeiteten Seidenkokons sind absolute Unikate und ein individueller Modeschmuck, der auch das langweiligste Outfit aufpeppt. Und weil auf Zypern einst die Seidenindustrie zu Hause war, sind traditionelle, aus Seidenkokons geschnittene Bildchen mit Vögeln und Blumen, zum Teil zusätzlich mit Strass verziert, ein schönes Mitbringsel. Auf Zypern wurden sie früher zur Hochzeit verschenkt.

IM BLÜTENMEER

Was für ein betörender Duft, wenn in den Tälern von Agrós im Mai die Damaszener-Rosen blühen. Und was für ein Glück, dass die Einheimischen den Rosenduft in vielen Produkten bewahren können: Rosenöl, Rosencremes, Rosenseifen, Rosenlikör, Rosentee, Rosenkerzen ... Da lässt es sich daheim noch lange in rosigen Erinnerungen schwelgen.

»SETZEN SIE SICH NICHT UNTER DEN BAUM DES MÜSSIGGANGES ... SEIN SCHATTEN MACHT DEN MENSCHEN UNFÄHIG ZU ERNSTER ARBEIT.«

Lawrence Durrell in „Bittere Limonen" über den Maulbeerbaum in Bellapaís

DINNER FOR TWO

Diese Kulisse bleibt einfach unvergesslich: eine verfallene Klosterruine, in der zwischen Kreuzgängen und frei stehenden Spitzbögen in mediterraner Üppigkeit Zypressen und Orangenbäume wachsen. Klassische Pianomusik ist zu hören und ein Tisch mit Blick auf die beleuchteten Mauern der Abtei Bellapaís und den Sternenhimmel darüber eingedeckt. Romantischer kann ein Dinner für zwei kaum sein.

WO DIE WÜRFEL FALLEN

In jeder Dorfkneipe wird auf Zypern mit Enthusiasmus Távli (griechisch) oder Tavla (türkisch) gespielt. Da fordern schon mal Jugendliche ihre Großeltern zu einer Partie heraus, während die Eltern zusehen und nicht an spitzen Kommentaren sparen. Wir kennen das Spiel als Backgammon, und das wird nun endlich mal vom Dachboden geholt. Die Nachbarn bei Tee oder Kaffee zum Würfeln einzuladen – das stärkt nicht nur auf Zypern die Freundschaft.

LECKERE KLEINIGKEITEN

Keine Ahnung, was man an heißen Sommertagen essen soll? Mezé, die klassischen zyprischen Vorspeisen, gibt's auch daheim beim Griechen oder Türken zum Mitnehmen. Ein paar Schälchen mit Falafel, Taboulé, Halloumi, gefüllten Weinblättern, frittierten Fischchen oder Tintenfischen, dazu Pita-Brottaschen und ein kühles Glas Weißwein – der Sommerabend mit Urlaubsfeeling auf der Terrasse ist gerettet.

WO DIE MENSCHLICHKEIT SIEGT

Während Varósia mit Hotelruinen am schönen Strand auch nach fünf Jahrzenten zeigt, dass man alles verlieren kann, erinnert man sich umso lieber an das Dorf Pýla. Hier haben griechische und türkische Zyprer schon immer unter Beweis gestellt, dass sie friedlich zusammenleben können.

PRO GRAMM

PORTO PORTUGAL NORDEN

Die Schöne am Douro
Lange im Schatten Lissabons hat sich Porto in den letzten Jahren in der ersten Riege der weltweiten Topreiseziele einen Platz gesichert. Und das zu Recht! Sehen Sie selbst!

Mittelalter live
Abseits der Küsten scheint in Nordportugal die Zeit stillzustehen – ein Besuch in den „historischen Dörfern" zwischen Coimbra und Porto ist ein besonderes Erlebnis.

OSTSEEKÜSTE MECK-POMM

Im Zeichen der Hanse
Wir stellen die Stadtschönheiten Rostock, Stralsund, Wismar, Greifswald und Anklam mit ihren Sehenswürdigkeiten ausführlich vor.

Strände ohne Ende ...
... und für jeden Geschmack mit guter Infrastruktur oder ganz naturbelassen. Finden Sie mit Hilfe des DuMont Bildatlas Ihr persönliches Strandparadies.

www.dumontreise.de

LIEFERBARE AUSGABEN

DEUTSCHLAND
207 Allgäu
216 Altmühltal
220 Bayerischer Wald
180 Berlin
162 Bodensee
217 Brandenburg
175 Chiemgau, Berchtesg. Land
237 Dresden, Sächsische Schweiz
152 Eifel, Aachen
157 Elbe und Weser, Bremen
168 Franken
020 Frankfurt, Rhein-Main
112 Freiburg, Basel, Colmar
231 Hamburg
026 Hannover zw. Harz und Heide
042 Harz
023 Leipzig, Halle, Magdeburg
210 Lüneburger Heide
188 Mecklenburgische Seen
038 Mecklenburg-Vorpommern
033 Mosel
190 München
047 Münsterland
223 Nordseeküste Schleswig-Holstein
006 Oberbayern
161 Odenwald, Heidelberg
035 Osnabrücker Land
002 Ostfriesland
164 Ostseeküste Mecklenburg-Vorpommern
154 Ostseeküste Schleswig-Holstein
201 Pfalz
040 Rhein zw. Köln und Mainz
185 Rhön
186 Rügen, Usedom, Hiddensee
206 Ruhrgebiet
149 Saarland
182 Sachsen
159 Schwarzwald Norden
045 Schwarzwald Süden
018 Spreewald, Lausitz
008 Stuttgart, Schwäbische Alb
239 Sylt, Amrum, Föhr
204 Teutoburger Wald
170 Thüringen
037 Weserbergland

BENELUX
156 Amsterdam
011 Flandern, Brüssel
179 Niederlande

FRANKREICH
177 Bretagne
021 Côte d'Azur
032 Elsass
228 Frankreich Südwesten Okzitanien
240 Französische Atlantikküste
019 Korsika
213 Normandie
235 Paris
198 Provence

GROSSBRITANNIEN/ IRLAND
187 Irland
202 London
189 Schottland
227 Südengland

ITALIEN/MALTA/ KROATIEN/SLOWENIEN
181 Apulien, Kalabrien
211 Gardasee
222 Golf von Neapel, Kampanien
163 Istrien, Kvarner Bucht
215 Italien, Norden
233 Kroatische Adria
167 Malta
155 Oberitalienische Seen
158 Piemont, Turin
014 Rom
165 Sardinien
003 Sizilien
243 Slowenien
203 Südtirol
039 Toskana
232 Venedig, Venetien

GRIECHENLAND/ ZYPERN/TÜRKEI
034 Istanbul
016 Kreta
176 Türkische Südküste, Antalya
229 Zypern

MITTEL- UND OSTEUROPA
236 Baltikum
208 Danzig, Ostsee, Masuren
169 Krakau, Breslau, Polen Süden
044 Prag
193 St. Petersburg

ÖSTERREICH/ SCHWEIZ
192 Kärnten
004 Salzburger Land
196 Schweiz
226 Tirol
197 Wien

SPANIEN/PORTUGAL
043 Algarve
214 Andalusien
150 Barcelona
025 Gran Canaria, Fuerteventura, Lanzarote
172 Kanarische Inseln
199 Lissabon
209 Madeira
174 Mallorca
225 Porto, Portugal Norden
241 Spanien Norden, Jakobsweg
219 Teneriffa, La Palma, La Gomera , El Hierro

SKANDINAVIEN/ NORDEUROPA
166 Dänemark
212 Finnland
153 Hurtigruten
029 Island
200 Norwegen Norden
178 Norwegen Süden
151 Schweden Süden, Stockholm

LÄNDERÜBERGREIFENDE BÄNDE
224 Donau – Von der Quelle bis zur Mündung
112 Freiburg, Basel, Colmar
221 Kreuzfahrt auf der Ostsee

AUSSEREUROPÄISCHE ZIELE
183 Australien Osten, Sydney
109 Australien Süden, Westen
218 Bali, Lombok
195 Costa Rica
234 Dubai, Abu Dhabi, VAE
160 Florida
205 Iran
027 Israel, Palästina
242 Japan
230 Kalifornien
031 Kanada Osten
191 Kanada Westen
171 Kuba
238 Marokko
022 Namibia
194 Neuseeland
041 New York
184 Sri Lanka
048 Südafrika
012 Thailand
046 Vietnam